同济大学经济与教育研究论丛

融资约束差异对投资行为及效果的影响研究

——以中国工业部门私营与国有企业为例

孙 卓 著

U0819322

同济大学出版社
TONGJI UNIVERSITY PRESS

图书在版编目(CIP)数据

融资约束差异对投资行为及效果的影响研究 / 孙卓著. -- 上海：同济大学出版社，2020.9

ISBN 978-7-5608-7679-5

Ⅰ.①融… Ⅱ.①孙… Ⅲ.①企业融资—影响—投资行为—研究—中国 Ⅳ.①F279.23

中国版本图书馆 CIP 数据核字(2018)第 005753 号

同济大学经济与教育研究论丛 冯晓 主编

融资约束差异对投资行为及效果的影响研究

——以中国工业部门私营与国有企业为例

孙 卓 著

责任编辑 李小敏 **助理编辑** 夏涵容 **责任校对** 徐春莲 **封面设计** 潘向蓁

出版发行 同济大学出版社 www.tongjipress.com.cn

(地址:上海市四平路 1239 号 邮编:200092 电话:021-65985622)

经 销 全国各地新华书店

印 刷 江苏凤凰数码印务有限公司

开 本 710 mm×960 mm 1/16

印 张 9

字 数 180 000

版 次 2020 年 9 月第 1 版 2020 年 9 月第 1 次印刷

书 号 ISBN 978-7-5608-7679-5

定 价 59.00 元

本书若有印装质量问题,请向本社发行部调换 版权所有 侵权必究

丛书序

亚里士多德如是说，幸福(εὐδαιμονία)是人类活动的最终目的。当有人问“你幸福吗”，别不以为然，因为这是一个有关人生意义的哲学问题。对于大多数入世的人来说，幸福需要有物质基础，而物质的稀缺性又使“你幸福吗”成为了一个经济学的核心问题。

由于和人们的生活密切相关，所以源于古希腊的早期经济学，经过古典主义、新古典主义、凯恩斯主义、新凯恩斯主义以及新兴古典主义等发展阶段，其不断完善的理论和日益广泛的应用受到了公众愈来愈多的关注。与此同时，一系列伴随经济增长而产生的问题也愈来愈具有挑战性。

经济发展一方面取决于生产要素的配置和配置效率，另一方面取决于收入的分配和使用。两者既涉及经济过程，也涉及经济制度，构成了经济学研究的重要内涵。此外，经济能否持续发展取决于生产要素的可支配程度。较之不可再生的自然资源以及物化的生产资料，人力资本具有可积累、可再生的特点。因此，可持续的经济发展不可避免地要通过可持续的人力资本积累来支撑。作为人力资本生产的重要途径，教育成为经济学研究的外延，其必然性和重要性不言而喻。

基于以上考虑，同济大学经济与教育研究所围绕经济运行和经济增长的规律性问题，同时着眼于经济与教育的互动关系，开展了一系列实证经济学研究和跨经济学、教育学领域的理论与经验分析。以数年来的工作为基础，我们希望通过出版本丛书将研究成果系统地公布于众，抛砖引玉，和学界同行开展交流，既提高自身研究水平，也为经济学和教育学领域的学术发展尽微薄之力。

冯　晓

2013年7月14日于同济大学

前　言

在实物资本的积累过程中，金融体系为投资者提供融资服务。一个功能完善的金融体系应该能够有效地调节货币资本供需，以较低的交易成本向市场参与者提供稀缺信号，同时也能够在一定程度上制约低效率投资。然而，目前中国金融体系尚处在市场化进程中，具体体现在：直至近几年，央行仍通过法定存贷款利率干预金融过程；金融市场由少数大型国有商业银行所主导，缺乏竞争；国有经济部门的投、融资行为和政府的经济政策意图不无关系；私营经济部门在融资过程中往往面临和产权制度有关的"价格歧视"。由于两类企业受到不同融资条件的约束，其投资行为难免会出现扭曲，影响资源配置效率。

针对上述问题，本书采用理论推导和经验验证相结合的方法，分析中国现行金融体系内企业融资约束差异的形成机制以及私营与国有企业投资行为的特点，并以此为基础，研究融资约束差异对不同所有制企业投资规模与效果的影响，从实证经济学角度说明中国金融改革的必要性。

本书研究路径如下：①从评述金融发展、投资行为和融资约束等文献入手，梳理金融发展、融资约束、企业投资之间的关系；②回顾中国金融体系的发展历程和特点，构建金融机构信贷决策模型，分析私营与国有企业融资约束差异的形成原因；③考虑私营与国有企业各自的经营目标，在新古典主义综合理论框架内构建工业企业投资决策模型，分析影响企业投资的主要因素；④构建包含两类企业融资约束差异等因素的部门投资模型，以股份制商业银行相对规模作为反映金融发展水平和企业融资约束差异程度的代理变量，通过线性回归分析量化融资约束差异对工业部门投资规模的影响；⑤构建包含私营与国有两种所有制企业的部门生产函数，定量分析两类企业的资本边际产出以及融资约束差异对投资效果及产出规模的影响；⑥选取工业部门私营与国有企业为代表性案例，分析、比较二者投融资行为及经营成果，以验证本书的研究结论。

通过在新古典主义综合理论框架内定性、定量分析中国金融体系和工业部门的行为，本书得出以下结论：①中国金融市场存在分割现象，不同所有制企业的融资约束有差异;②较之国有企业,私营企业的投资行为对资金成本更为敏感;③国有企业的融资成本较低,且具有部分政策性功能,因此投资行为更具扩张性;④私营企业的资本边际产出高于国有企业,但融资约束差异限制了私营企业的投资规模;⑤促进金融发展、减少私营与国有企业间融资约束差异,有利于扩大投资规模,提高投资经济效果,释放国民经济增长潜力。

基于上述研究,本书提出如下原则性建议:其一,积极推进中国金融体制改革,更大程度地发挥市场对金融资源配置的调节作用;其二,建立、健全企业贷款担保机制,降低融资风险,为私营企业营造更好的融资环境;其三,为了突破现行体制下的融资瓶颈,私营企业应着眼于提升自身的资金筹措能力及运营能力。

目　录

第1章

引　言

1.1　研究背景

根据宏观经济学原理，收入与产品的使用是否匹配，关系到国民经济能否平稳运行，甚至也会影响经济增长的路径。在经典的新古典主义综合（neoclassic synthesis）模型中，收入与产品使用的匹配条件被简化为IS曲线（IS curve；Hicks，1937；Hansen，1949，1951，1953），国民收入和利率起着调节储蓄和投资行为的作用，平衡资本供给与需求；在常用的新兴古典主义（newclassicism）增长模型（Lucas，1988；Barro，1989）中，收入与产品使用的匹配条件是由家庭部门根据其偏好及资本边际产出，通过选择最优的消费和储蓄路径来满足的。

然而在现实中，从货币资本供给到实物资本需求之间既存在一个货币资本供应与需求的协调环节，也存在一个货币资本向实物资本转换的企业融、投资环节。在前一个环节中，调节货币资本的供需的往往是名义利率；在后一个环节中，资本的名义利率和实际利率均对企业的融、投资决策产生影响，而家庭部门并不直接参与企业融、投资决策，尤其是企业投资决策。显然，大多数宏观经济模型为了简化分析对象，对经济现实做了简化处理，把在协调货币资本供需和企业融资过程中发挥关键作用的金融体系（financial system）视为一个无摩擦的转换环节。

金融体系在货币资本向实物资本转换过程中起着不可缺少的中介作用。如果将金融体系视作一个无摩擦的环节，则必须满足以下条件：①通过储蓄所积累的货币性财产可以被完全地用于以投资为目的的融资，即货币性资本可以无损耗转换为生产性实物资本（存货无变动）；②金融体系能够为货币性资本的供应和需求者提供真实的稀缺信号，调节供需，且不发生额外交易成本（transaction cost）；③金融体系能够促成资本配置的优化。当然，现实中的金融体系若能以较低的交易成本为企业的投资活动提供资金和融资服务，并用价格信号等反映资金的稀缺程度，引导企业高效使用资金和实物资本,则该金融体系就已经具备了完善或基本完善的功能。

中国现行的金融体系尚不能完全满足上述要求,具体表现为:①央行调整法定存款准备金率对金融机构的放贷规模并无显著影响(褚玉静,2015),这说明金融体系内存在“过剩”放贷能力,自身效率偏低。②法定贷款利率的变化对金融机构放贷规模和企业投资规模均无显著影响(褚玉静,2015),这说明利率既不反映资金的真实稀缺程度,也未真正发挥调节供需的作用;中国金融体系内存在有别于竞争性市场的其他协调机制(宁彦军,2011)。③对于不同所有制经济存在不同的金融安排(安强身,2010),私营企业(private enterprises[①],PEs)生产效率[②]和净资产收益率较高(图 1-1),但融资门槛高(曾会生,2012);国有企业(state-owned enterprises,SOEs)部门内存在投资过度和低效率问题(盛明泉,2010;Liu and Siu,2012),但融资成本较低;这说明在中国的金融体制内存在与企业财产所有制相关的“价格歧视”,私营与国有企业之间存在融资约束差异(financial constraint differences)。

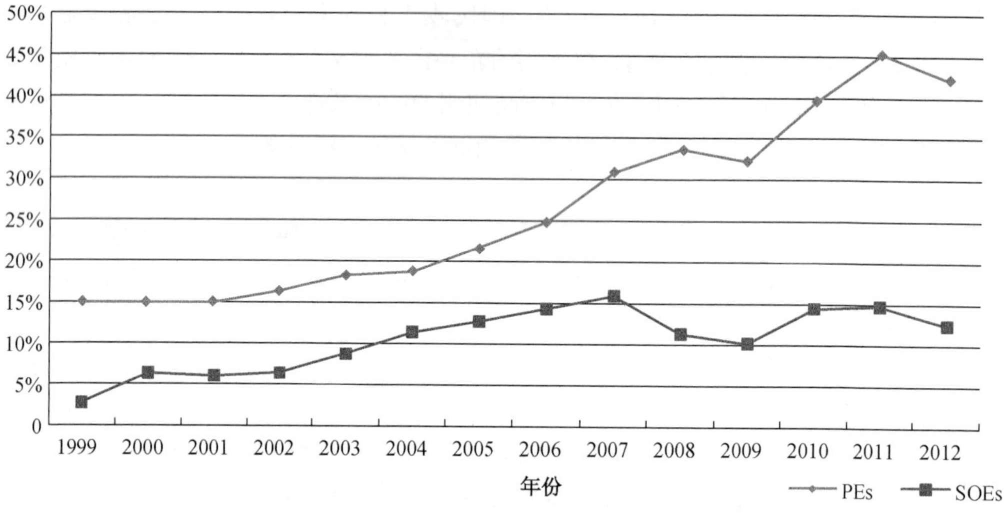

图 1-1　私营与国有工业企业净资产收益率

① 现有文献中,学者们将 private enterprises 翻译为“民营企业”或“私营企业”,用来定义中国国内非国有、非外资的经济主体,本书将其统一称为“私营企业”。同时,书中“国有企业”是指国有独资及国有控股企业。

② 王争(2008)、郝书辰(2012)、范建双(2015)选取不同的研究期间,从投入-产出角度比较私营企业与国有企业生产效率,研究结果均表明私营企业的生产效率更高。

上述现象有别于经济理论假定，具有不成熟市场特殊性的金融体系低效率、利率“失灵”现象，以及和混合经济体制不无关系的融资约束差异现象，本书计划在实证经济学的框架内，结合中国现实，重点研究以下问题：

(1) 在中国现行金融体系内，私营和国有企业的融资约束差异是如何形成的，其关键影响因素是什么？

(2) 在外生的融资约束条件下，私营和国有企业的投资行为受哪些因素的影响，两者之间有什么本质性的差别？

(3) 私营和国有企业面临不同的融资约束，对工业部门的投资总规模以及对部门内不同所有制企业的投资效果会产生什么影响？

(4) 能否通过不同所有制企业的实际财务数据和相关信息，验证融资约束差异会对企业的融资、投资及其效果产生怎样的影响？

根据经济理论推导以及从经验分析中获得验证的结果，本书围绕如何提高金融体系效率以及企业部门的投资效果，对推进中国金融体系改革和市场化进程提出自己的看法；同时，结合制度性约束条件，对如何加强企业尤其是私营企业的自身资金筹集及运营能力提出建议。

1.2 研究意义与创新之处

对融资约束如何影响投资行为的研究大多聚焦于微观经济、企业经济或企业管理领域（Fazzari，1988；Kashyap，1994；Chapman，1996；Hu and Schianterelli，1998；汪强，2008；Poncet，2010）。就融资条件本身，有学者考虑中国产权制度和金融结构特点，分别研究私营与国有企业所面临的差异化约束（何光辉，2012；成力为，2013）；就投资的效果，也有学者从宏观角度分析投资对经济运行和增长的影响（Herrerias and Orts，2009；Conway，2010；Arndt，2013）。但是将微观和宏观两个层面相叠加，既分析中国金融体系内融资约束差异生成原因以及融资约束差异对不同所有制企业投资行为的影响，又分析融资约束差异对工业部门投资规模以及投资效率影响的实证经济学研究尚不多见。

和以上研究相比，本书的特点之一是：根据中国金融体系的现状、产权制度以及与此有关的工业部门混合经济特点，在微观层面上分析：①私营和国有企业所面临的融资约束差异的生成机制及其关键影响因素；②在不同融资约束条件下私营和国有企业各自的投资行为。在宏观及部门经济层面上分析：③融资约束差异对工业部门投资规模的影响;④融资约束差异对体现在非同质实物资本边际产出上的私营和国有工业部门投资效果。上述工作中的①和②为后继工作③和④奠定微观基础,使本书的微观经济学研究和宏观经济学研究前后衔接,融为一体。

本书的特点之二是:将中国混合经济的制度性特点纳入分析框架、构建模型,并用基于中国现实的计量分析结果来验证模型以及经济理论。

本书的特点之三是:在实证经济学研究的基础上,采用管理学研究方法,选取不同所有制性质的企业作为代表进行案例分析,验证并充实实证研究结果。通过本书研究,笔者希望能够对充实和细化有关融资约束和投资行为的经济学理论起到积极作用。

本书的研究和研究结果具有现实意义。经过上一个周期的高速增长,中国经济进入了转型调整期。之前的高增长带来了收入增长效果,同时也使成本压力明显上升,局部性产能过剩问题愈加突显。产能过剩现象的背后是生产效率偏低,原因在于:内生创新动力不足阻碍了全要素生产率的提升;要素配置不合理限制了国民经济生产潜力的发挥。后者与私营和国有企业融资约束差异以及投资行为扭曲不无关系。本书研究中国现行金融体系内融资约束差异的形成原因,对消除融资约束差异、改变扭曲的投资行为和推进金融改革具有参考价值。消除或减少融资约束差异后,私营企业的投资规模随融资环境改善会有所扩大,国有企业的投资规模因融资成本上升可能有所收缩;两种相向的作用如何影响工业部门总投资,进而影响中国国民经济总产出?本书定量测度融资约束差异对工业部门投资规模、效果以及国民经济潜在生产能力的影响,对如何在时间维度上安排金融改革有一定参考意义。

本书可能在以下两个方面取得一定突破:①研究方法:构建中国工业部门投资行为模型,找到定性、定量均能反映金融发展水平以及融资约束差异的代理变量,并通过企业投融资案例分析细化和充实实证研究内容;②研究结果:金融改革显然有助于改善工业部门内部的资源配置效果,但中、短期内究竟会对投资总规模和国民经济总产出有什么影响,目前尚无定论,而本书将对此做出回答。

1.3 研究思路与研究内容

针对中国现行金融体系中私营和国有企业所面临的融资约束差异,本书采用理论推导和经验验证相结合的方法,首先重点分析中国现行金融体系内企业融资约束差异的形成机制,以及在外生融资约束条件下私营和国有企业投资行为各自的特点；在此基础上，进一步研究融资约束差异对包含不同所有制企业的工业部门投资规模与效果的影响，对此给出实证经济学解释，以期为中国金融改革提供理论支持。上述主要研究工作和技术路线如图 1-2 所示。

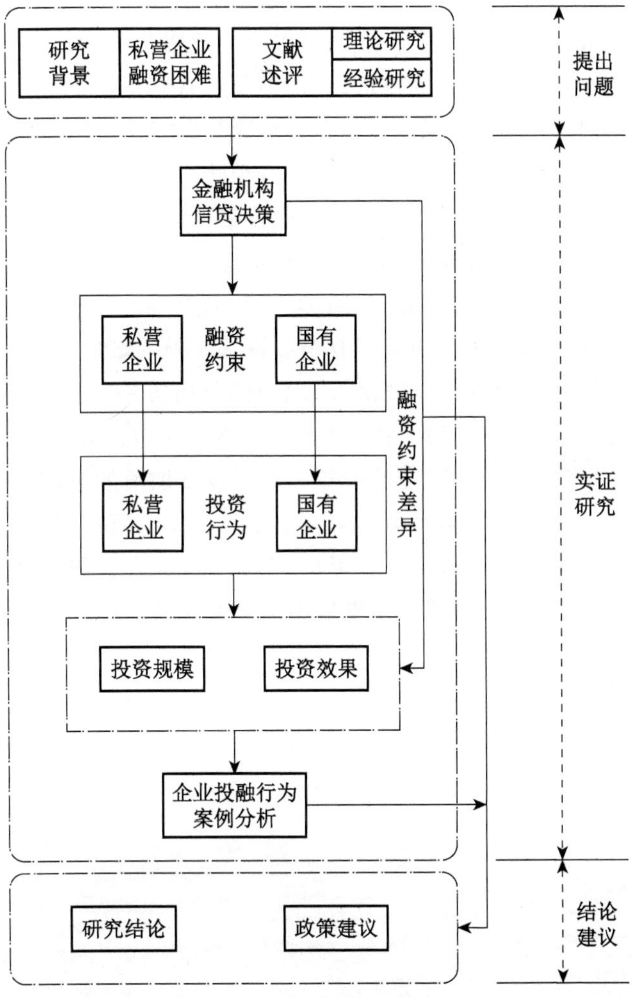

图 1-2　技术路线图

本书的具体研究内容可概括如下：

第 1 章简要说明研究背景、研究意义和研究中可能的创新，并提出研究思路，明确工作重点。

第 2 章回顾金融发展、投资行为等相关理论和经验分析成果，通过文献评述梳理金融发展、融资约束与投资行为之间的关系，探讨现有他人研究对本书的启示以及进一步深入、细化研究的可能性。

第 3 章从中国金融体系的现状出发，设定金融机构以获得营业收入为目标，并根据其业务对象和特点构建金融机构信贷决策模型，从中导出金融体系内针对私营和国有企业差异化融资约束的生成原因以及主要影响因素。

第 4 章考虑中国混合经济的特点，设定不同所有制企业的经营目标，采用动态优化的方法，分别构建私营和国有企业在外生融资约束条件下的生产以及投资决策数理模型，并选取相应的统计数据对此进行经验验证。

金融机构信贷决策模型（第 3 章）和企业投资决策模型（第 4 章）为下一步分析工业部门投资行为以及投资效果奠定了微观基础。

第 5 章通过建立包括私营和国有两类企业的部门投资行为模型，定性和定量分析融资约束差异及其变化对中国工业企业投资规模的影响。

第 6 章通过构建工业部门生产函数，用回归分析方法估计全要素生产率和要素产出弹性，进而采用静态比较分析，测算两类不同所有制企业的资本边际产出；同时，利用部门生产函数估算融资约束差异对工业增加值的影响。

第 7 章选取美的电器与格力电器两家上市公司作为研究对象，进行案例分析，通过比较典型企业的投融资行为及其影响，充实并补充实证研究结果。

第 8 章总结研究结果，并就如何推进中国金融体系的市场化、建立健全企业融资担保制度，以及提高企业自身融资能力提出建议。

第2章

文献综述

2.1 金融发展对经济增长影响的研究

在经济循环中，功效流和资金流将经济个体或部门联系在一起。其中，金融机构(financial institution)与金融市场(financial market)在经济循环中发挥的作用至关重要。长期以来，学者们(Bagehot，1873；Schumpeter，1911；Goldsmith，1969；McKinnon，1973；Shaw，1973)对金融发展以及金融发展对经济运行的影响开展了大量研究。

2.1.1 相关理论

金融市场、金融机构都是在一定的体系内产生、运作和发展的。关于如何界定金融体系，学者的观点主要分为两种：一种观点认为金融体系是一种提供金融服务的市场与机构的集合(Buckle and Thompson，1998；Allen and Gale，2001)；另一种观点认为金融体系涵盖的范围更大，如国际货币基金组织(International Monetary Fund，IMF)在其出版的《金融稳健指标编制指南》中指出，金融体系由金融机构、金融市场、维护和规范各组成部分活动的管理机构及规章制度等构成。本书在提及"金融体系"和"金融(体系)发展"时，依据的是第二种广义的定义。

有关金融体系在经济运行和增长中所发挥作用的研究由来已久，以亚里士多德(Aristotle)为代表的古希腊学者，中世纪晚期英国的重商主义(Mercantilism)、法国的柯尔贝尔主义(Colbertism)、德国的官房主义(Cameralism)和以亚当·斯密(Adam Smith)为代表的古典经济学均对此有论述(Brue and Grant，2007)。

近代著名经济学家熊彼特(Joseph A. Schumpeter)指出：功能良好的银行通过向最有机会创新成功的企业家提供资金，从而促进技术创新(Schumpeter，1912)；货币主义代表人物弗里德曼(Milton Friedman)认为，货币资本如同劳动力与实物资本，也是一种生产要素（Friedman，1959）。近几十年来，学者们（Boyd and Prescott，1986；Greenwood and Jovanovic，1990；Merton and Bodie，1992，2005；Eakins and Mishkin，2012；Zver'Kov，2014）试图从不同角度论述金融发展与经济增长的关系。

随着经济高速发展，实体经济对金融产品与服务的需求不断增加，金融创新持续深化，金融体系的功能也日渐丰富起来。由于投资回报的不确定性，行为主体会选择低风险的流动性风险，因此金融机构可通过汇集储蓄并将资金投向高收益项目，实现资产流动与资源配置（Bencivenga and Smith，1991）。Levine（1991）构建了包含证券市场的内生经济增长模型，并以此说明，证券市场交易促进经济增长的方式包括：①在不破坏企业生产过程的情况下促进企业所有权转移；②提高代理商证券组合的多样性。King and Levine（1993b）认为，金融体系的功能体现在：①评价潜在的企业家；②动员储蓄并为有前景的企业提供资金，在分散风险的同时提高生产效率。Greenwood and Smith（1995）认为，金融创新是金融发展的体现，专业化提高意味着交易增多，金融安排会降低交易成本，从而提高专业化水平。Acemoglu and Zilibotti（1997）指出，在金融体系中，代理商（agent）可以对多样化风险项目进行组合，以此促成储蓄向高收益项目转移。Dutta and Kapur（1998）认为，金融机构可以提高货币资本的流动性，缓解流动性稀缺对经济行为的约束。Rajan and Zingales（1998）认为，发展良好的金融中介和市场有助于解决道德风险和逆向选择问题，降低企业外部融资成本；若企业对外部资金依赖性较强，则金融发展及外部融资成本的降低有利于该企业发展。Laeven（2015）指出：金融机构为了筛选更有潜质的企业，将进行金融创新并逐渐提高识别效率；如果筛选过程失效，那么技术创新和经济增长都将停止。

Merton and Bodie（1995）较为系统地总结了金融体系的基本功能，包括：①通过创新交付方式降低交易成本，促进专业化分工；②聚集资源并向企业分配资金；③实现资源在时间、空间、行业间的转移和配置；④降低管理风险；⑤提供价格信息；⑥缓解信息不对称问题（information asymmetry problem）和委托代理问题（principal-agent problem）。同时，Merton and Bodie（1995）也提出：金融体系的最基本功能是在不确定环境下跨时空地配置金融资源；无论在什么样的社会制度中，金融体系都应具备这一基本功能。

在此基础上，Levine（1997，2005）认为，金融体系可以从以下几个方面影响经济增长：①事前（ex ante）生成可能的投资和资本分配的信息；②提供资金后，监督投资并且改善公司治理；③为风险的交易、分散和管理提供便利；④动员储蓄；⑤便于商品和服务的交换。

参照 Levine(2005)的观点，以下对金融体系的功能做一个简要的概括：

(1) 集合财富并使之流通。个人与企业在经济活动中获得盈余，并将盈余以存款、金融资产等形式存放于金融机构，同时获取合理收益；金融机构将个人与企业零散的资金集合为存款，将其转移到创造资本的实体经济。金融体系在这个过程中扮演中介的角色，将资金的供给方和需求方连接起来，实现资源跨时间、跨空间、跨部门的整合与分配。

(2) 提供交易信息。进行投资决策前，投资主体需要掌握相关企业、经理人、市场情况等重要信息，并且尽可能保证信息的完整、真实与有效性。但一般来讲，投资主体并不具备搜集并处理这些信息的能力，同时难以负担评价信息的高昂成本，这阻碍了资本流动。而具有专业识别能力的金融机构可以以较低的信息成本，改善投资机会的事前评估，并且提升信息的有效性，使投资者能够自行决策并对价格信号作出合理判断，进而实现资源的合理配置。

(3) 影响公司治理。提供资金后，资金供给方会监督和影响企业如何运用资金，并监管经理人追求企业价值最大化，缓解信息不对称和委托代理问题，提高公司治理水平。比如，股东通过直接对重大经营决策事项投票，以及选举董事会成员间接表达所有者意愿并监督管理决策实施；债务合同可以降低企业内部人的监督成本、缓解管理松懈问题，进而提高企业的公司治理水平并优化企业资源配置效率。

(4) 控制风险。金融体系通过调整资源再分配为经济活动参与者提供管理风险的手段，并且通过监管金融市场与机构的行为控制金融风险，帮助其缓解金融风险。金融市场中，高收益与高风险相伴而生，金融机构可通过持有风险项目多元化投资组合，实现资金在不同回报水平的项目中再分配来实现风险分散。除了横向风险分散，持续经营的金融机构会以永续的视角通过投资实现跨期风险分担，即在繁荣时期提供较低的回报，在萧条时期提供较高的收益。

(5) 方便交易。便于识别的支付手段(如货币、支票等)可以为商品、服务交易提供便利。随着经济发展，专业分工愈加细致，日益专业化分工意味着交换过程更加频繁，金融体系将通过降低交易成本为专业化提供方便。品种众多的金融产品与服务为商品交易提供更为丰富的结算和清算手段，金融体系通过执行个人、企业和政府转移资金的指令完成支付并使资金在空间中的转移，使交易更方便、快捷。

2.1.2 相关经验分析

在理论探索的基础上,学者们通过分析金融体系对经济运行的影响机制,建立模型,并选取现实数据来验证金融发展与经济增长的关系。就经济增长而言,学者们多采用人均 GDP 增速作为评价指标;衡量金融发展水平的方法则相对多元化。以下,本书通过回顾有关检验金融发展理论的文献,重点关注衡量金融发展的方法与指标。

1. 面板数据分析

Goldsmith(1969)认为,金融结构的变化体现了金融发展,金融相关比率(金融资产/GDP)可以反映国家金融发展水平。通过选取全球 35 个代表性国家作为研究对象,分析 1860—1963 年相关数据,Goldsmith(1969)证实了经济增长与金融发展速度存在正相关关系。

在 King and Levine(1993a)发展了金融发展度量方法并使用大样本数据检验两者关系以后,相关文献(多是在验证金融发展与经济增长的关系)层出不穷。King and Levine(1993b)以金融功能角度为切入点,搜集 1960—1989 年 77 个发展中国家与发达国家的相关数据,并沿用 King and Levine(1993a)的方法设计了衡量金融发展水平的四个指标:①DEPTH 指标(金融机构流动性负债/GDP)反映金融机构规模;②BANK 指标(商业银行国内资产/商业银行与中央银行国内资产总额)反映金融效率;③PRIVATE 指标(私营企业贷款额/全国总贷款额);④PRIV/Y指标(私营企业贷款额/GDP)描述私营部门信贷份额,同时也间接体现资金在公共部门或国有企业的资源配置。对经济增长,则采用人均实际 GDP 增长率、人均实物资本增长率与全要素增长率来描述。经回归分析发现,金融发展与经济增长之间呈正向相关关系,并在一定程度上验证了金融发展与经济增长的因果关系。Zervos and Levine(1999)选取 1976—1993 年 49 个国家股票市场为研究对象,以市价总值比率(上市公司股票总市值/GDP)、股票周转率(上市公司股票交易额/总市值)、交易价值(上市公司股票交易额/GDP)等指标衡量金融发展水平,证实了这些国家的股票市场流动性指标与经济增长间正相关。

关于金融机构规模、效率情况与经济增长之间的关系亦有大量文献存在。Levine(2000)沿用 King and Levine(1993b)的思路,分别定义了衡量金融发展水平的流动负债指标(银行与非金融银行机构的付息负债/GDP)、商业银行指标(商业银行资产/商业银行与中央银行资产之和)以及私营信贷指标(私营部门贷款额/GDP),并采用动态面板 GMM 估计方法对 71 个国家 1960—1995 年数据进行跨国比较分析。研究发现,金融中介发展与经济增长存在正向联系。

不同发展水平的金融体系可能对经济增长产生不同的影响。Rioja and Valev(2004)选取74个国家1969—1995年数据作为研究对象,参考Levine(2000)用私营信贷、流动性资产和商业银行等三项指标衡量金融发展水平,选择不同的分位数作为高低两个分界点,把每个国家的金融发展水平分为高、中、低三个区域,采用广义矩估计(GMM)方法进行面板数据分析,结果表明:在金融发展的低水平阶段,金融对经济增长的作用是不确定的;在中间水平阶段,金融对经济增长具有比较大的正向作用;在高水平阶段,作用虽为正向的,但是比中间水平阶段小。Greenwood(2013)基于Greenwood(2010)中构建的金融中介的高价查证模型(costly state verification model),用企业借贷规模与金融部门就业人数的比值来描述金融部门效率,选取美国等27个国家1997—2004年面板数据进行回归分析,结果显示:①金融机构优化可以解释29%的美国经济增长;②如果这些国家都实行更为先进的金融管理制度——卢森堡金融体系(Luxembourg's financial system),世界产出会增加53%;③金融发展与经济增长之间并不是简单线性关系。

为了更细致地分析金融发展和经济增长之间的关系,学者们也运用行业、企业层面数据来研究金融影响经济增长的因果联系和机制。最初,Rajan and Zingales(1998)对42个国家中36个行业1980—1990年的数据进行因果检验,发现金融发展是影响经济增长速度的重要因素,并且认为发展良好的金融中介和市场有助于减低企业外部融资成本。在Rajan and Zingales(1998)的基础上,Wurgler(2000)另辟蹊径,选取1989—1996年65个国家36个行业层面数据,用STK/GDP(股市市值/GDP)和CRED/GDP(金融机构贷款额/GDP)共同构成金融发展指标,从投资变动率的角度来研究金融发展和经济增长的关系,结果表明:与金融部门欠发达的国家相比,金融发展程度较高的国家其成长中产业的投资增加更为明显,衰退产业的投资减少幅度也更大。

Beck(2005)采用54个国家共4000多个企业的调查数据进行了回归分析,发现金融发展水平低的国家,其企业发展速度比较慢,而且企业越小,所受的融资约束越大。Naceur and Ghzaouani(2007)取11个MENA地区(中东与北非地区)的国家作为研究对象,分别分析股票市场与银行机构发展对经济增长的影响;他们选用MC指标(股票市场资本市值/GDP,衡量股票市场规模),VT指标(国内股票交易额/GDP,代表股票市场流动性),TR指标(国内证券市场交易额/市场市值,描述国内证券市场效率)等三个指标共同衡量金融发展水平;沿用Beck and Levine

(2004)的方法设计PCREDIT指标(私营企业信贷额/GDP),将其与LIQ指标(金融体系流动性负债/GDP)共同用于度量银行机构在私营部门与政府机构之间的资金配置情况;采用GMM估计MENA国家金融发展对经济增长作用的结果显示:银行和股票市场发展与经济增长间没有必然联系。

参照Wurgler(2000)的研究思路,Pang and Wu(2009)选择美国企业数据进行分析后发现:在金融水平高的国家,更多资金会流向具有增长潜力的行业,从衰退行业中则会撤出资金;该行业对外部融资的依赖越大,这一倾向就越明显。在Beck(2010)研究的基础上,Cihak(2012)选择金融深化(私营企业贷款/GDP、股票市场市值与国内私营债券/GDP)、金融可得性(每千万成人开户数、剔除前十大企业后股票市场市值百分比)、金融效率(净息差、股票市场换手率)和金融稳定性(违约距离、股指标准差)等指标,分别反映1960—2010年205个经济体金融机构与金融市场的发展情况,通过比较不同经济体指标分布情况,指出在不同经济体之间,金融体系特点与发展水平存在较大差异。

针对发展中国家经济增长的典型事例,Calderon and Liu(2002)选取109个发展中国家1960—1994年数据,采用广义货币指标(M2/GDP)与私营信贷指标(King and Levine, 1993b)衡量金融中介发展水平,运用Geweke分解检验法(decomposition test)验证金融发展与经济增长之间的关系。结果显示:①金融发展可引导经济增长;②金融发展和经济增长之间存在格兰杰意义上的互为因果关系。Ahmad and Malik(2009)以PRIVATE指标(私营企业贷款/GDP)描述金融部门发展,并利用印度、巴西、墨西哥等35个发展中国家1970—2003年的面板数据进行回归分析,发现金融部门主要通过其对资源的有效分配来影响国内资本积累,有助于增加人均产出。Pradhan(2014)选取东盟组织中25个国家1960—2012年的数据,采用成分分析法建立包含多因素的金融发展指数BSD,并通过格兰杰因果检验发现银行业发展与经济增长间存在双向因果关系;在构建银行发展指数时,作者综合考虑了以下因素:①BRM指标(M2/GDP);②CLP指标(私营部门贷款总额);③DCB指标(国内银行部门信贷额)和④DCP(国内贷款额中私营部门的份额)。Cheng(2014)选取15个工业化国家与15个新兴国家1976—2005年相关数据,定义流动负债指标(King and Levine, 1993b)、换手率指标(国内股票年交易额/年底股票市值)、交易额指标(国内股票交易额/GDP)等,分别衡量金融机构与金融市场的发展水平,并运用PMG估计方法量化信贷规模和股票交易量相对于经济发展的长期与短期弹性。研究结果显示:①银行发展和股票市场发展在国家发展的各个阶段会产生不同的影响;②长期来看，金融机构发展与经济增长间存在正相关关系；③股票市场流动性与短期及长期经济增长之间均存在正相关关系。

国内学者袁云峰、曹旭华(2007)利用中国1978—2004年的跨省面板数据，研究了中国金融发展与经济增长之间的关系，发现：①中国金融发展与经济增长的关系具有明显的时空特征；②中国金融体系没有通过改善资源配置效率，而是通过动员储蓄、加速资本积累等途径促进了经济增长。田祥宇(2012)将中国31个省份划分为东、中、西部三个地区，选取FINC指标(存款与贷款之和/GDP)体现金融发展水平，利用面板模型分别就1978—2009年三个地区金融发展对其经济增长的促进作用进行检验，结果表明：①金融发展对经济增长发挥着重要影响，但是贡献水平在各地区之间存在差异；②金融发展水平差异是地区经济发展差距的重要因素。李强和徐康宁(2013)以金融机构存贷款总额占GDP的比重反映金融发展水平，用2000—2010年中国省级面板数据，检验金融发展对经济增长和实体经济的影响，回归分析显示：①金融发展在促进经济增长的同时相对阻碍了实体经济发展；②金融发展对实体经济发展的影响在不同区域间存在差异。李苗苗(2015)基于中国31个省、自治区、直辖市2000—2011年的面板数据，依次运用面板数据的因果有向无环图(DAG)分析方法，旨在探讨金融发展、技术创新与经济增长之间的影响关系，其中金融发展分为金融规模(金融机构存贷款余额/GDP)与金融结构(金融机构贷款余额/GDP)。该研究结果表明：①金融发展是引致经济增长的直接原因；②以银行主导的金融发展结构不利于研发投资。

2. 时间序列数据分析

曹啸和吴军(2002)利用1994—1999年的季度数据，选取DEPTH指标和BANK指标(King and Levine, 1993b)衡量中国金融发展水平，研究结果显示：①中国金融发展是经济增长的格兰杰原因；②中国金融发展主要是通过金融资产数量上的扩张，而非提高金融资源的配置效率来促进经济增长的。庞晓波和赵玉龙(2003)以DEPTH指标(M2/GDP)和CAPTIAL指标(股市市值/GDP)体现金融发展规模，在分别对1980—2001年、1995—2001年两阶段数据进行回归分析后发现：①中国金融发展与经济增长的相关性较弱，意味着中国金融发展未能跟上经济发展的需要；②改善金融服务、提高金融效率将会推进中国的经济增长。梁琪和滕建州(2006)用BCR指标(银行贷款额/GDP)衡量金融发展规模，在多元Near-VAR框架下利用中国1952—2003年相关数据做回归分析，研究发现从经济增长到金融发展仅仅存在单向因果关系。熊鹏和王飞(2007)在探讨中国金融发展对经济增长的影响时，用金融中介指标(M2/GDP)反映金融中介相对规模，用金融市场指标(债券和股票这两类非货币金融资产/狭义金融资产总量)衡量金融市场的资源配置能力,并用这两个指标共同反映金融发展,选取中国1983—2006年相关数据进行回归分析;研究结果表明:实物资本、人力资本和制度因素是中国金融发展与经济增长之间的三条传导渠道,其中,前者是最主要的。

陈伟国和张红伟(2008)以金融市场相对规模(金融资产/GDP)、银行资源配置状况(私营部门贷款/GDP)、股市规模(股票市值/GDP)、资本效率(存贷差/GDP)反映金融发展水平,利用中国1952—2007年时间序列数据进行回归分析与格兰杰因果检验,结果表明:①金融发展与经济增长之间存在统计意义上的正相关;②股市融资与经济增长只存在单向因果关系;③金融中介发展与经济增长并不存在因果关系。基于中国现实,马智利、周翔宇(2008)在分析金融发展与产业结构转变的内在联系时,采用Goldsmith(1969)创立的金融相对比率(FIR)指标衡量金融规模增长,并依据周立(2003)构建的金融市场化率RFMR(金融相关比率-国有金融相关比率)反映金融市场竞争程度,通过对中国1978—2006年的时间序列数据进行回归分析,得出金融发展对产业结构调整有正向促进作用的结论。

以Goldsmith(1969)创立的FIR指标为基础,武志(2010)结合中国制度现状对FIR指标进行相应调整,以此衡量中国金融发展的水平,并选取中国1978—2000年数据进行格兰杰因果检验,研究结果显示:①经济增长在格兰杰意义上引导了金融发展,且从本质上讲金融发展只能由经济增长引导;②中国金融发展仅是简单的数量扩张。陈时兴(2011)以信贷融资率(贷款额/GDP)和证券融资率(股票与债券融资额/GDP)反映金融发展水平,采用中国1982—2010年信贷融资、证券融资和产业结构升级的相关数据,对金融支持产业结构调整的假定进行检验,研究结果:①信贷融资与证券融资都是产业结构调整的格兰杰原因;②证券融资对产业结构升级的支持度明显不足。

黎欢和龚六堂(2014)在Howitt and Aghion(1998)的内生经济增长模型中引入金融发展水平变量,从企业研发决策的角度考察金融发展对经济增长的影响,经研究发现:金融发展水平对不同类型的企业研发投入强度以及产出增长的影响不尽相同,其中受制于融资约束的非国有企业显著受益于地区金融发展水平的提高。Nain and Kamaiah(2014)采用Cihak(2012)使用的指标体系度量金融发展水平,选取1990—2010年印度数据进行分析,线性格兰杰因果检验与非线性格兰杰因果检验结果表明:金融发展与经济增长间并不存在显著的因果关系。

2.1.3 金融发展衡量指标小结

围绕金融体系的功能,学者们结合研究问题设计相应的指标,衡量其研究国别或地区的金融发展水平。本书将国内外相关研究中所使用的指标归类为金融总量指标与金融效率指标(表2-1)。其中,金融总量指标主要用于衡量金融资产规模相对于国民财富的比重,金融效率指标主要用于衡量金融部门资源分配效率。

表2-1 金融发展衡量指标汇总

分类＼对象	金融发展衡量指标
金融总量	M2/GDP
	金融资产总额/GDP
	金融机构资产/GDP
	金融部门产值/GDP
	贷款额/GDP
	股票与债券融资额/GDP
	股市市值/GDP
	股市交易额/GDP
	私营企业债券/GDP
金融效率	商业银行贷款/(商业银行贷款+中央银行国内资产)
	商业银行私营企业贷款/(国内贷款-银行间贷款)
	商业银行私营企业贷款/GDP
	(商业银行和其他非银行机构对私营企业贷款)/GDP
	存贷比
	存贷利差
	存贷差/GDP
	股市交易额/股市市值
	金融机构贷款额/股市市值

资料来源:Clihak(2013)及本文作者整理。

表2-1中列举的国家或地区金融发展指标各有优势与不足。如Levine and Zervos(1998)认为货币化指标(M2/GDP)不能度量金融体系的资源配置,也无法度量货币负债的来源。王毅(2002)、陈志刚(2006)认为,货币化指标与金融体系提供的服务数量有关,无法体现储蓄向投资转化的效率;就中国而言,较高货币化比率并非金融发展的结果,其原因在于投资渠道不畅、支付体系低效。

与发达国家相比，中国企业融资渠道并不丰富，股票和债券的入市门槛高，且规模有限。同时，由于中国金融业仍由大型国有金融机构主导，在政策干预下这些金融机构更倾向于向国有企业提供资金（曹廷求，张光利，2011）。因此，本书认为直接采用金融机构或金融市场资产整体规模来衡量中国金融发展水平的方法值得商榷。

此外，表 2-1 中衡量金融效率的部分指标虽然体现了私营企业贷款规模，但是没有考虑到中国金融机构的所有制特点，并不完全适合衡量中国的金融发展水平（王永剑，2011）。因此，本书认为在设计中国金融发展指标时应该考虑中国金融体系尚处于市场化进程中，同时兼顾中国金融机构的所有制特点。

2.2 投资行为研究

2.2.1 所有制性质与投资目标

企业财产所有制会影响企业目标和投资决策。一般来讲，企业投资的目的是获得收益。就私营企业而言，其从事生产经营活动的目的是盈利或企业价值最大化，并且从利润最大化角度选择要素投入数量、生产方式组合等（俞乔，2002）。

与私营企业不同的是，中国国有企业在其生产经营过程中受到政府的影响，或多或少地扮演着公共企业的角色。政府行为一般以公共利益为服务目标，如促进经济增长、提高社会福利、提升就业水平、保障政府税收等。当政府通过影响国有企业经济活动实现其政策目标时，国有企业并非完全独立地进行生产经营活动（程仲鸣，2008）。因此，在追求利润的同时（Song，2001），国有企业在进行投资决策时会设置多重且非商业的目标（Sun，1998；孙铮，2005；王曦，2007；陆荣，2009；李字娜，2014）。

Shleifer and Vishny(1994)在分析国有企业投资目标指出，在政策目标的影响下，国有企业会雇佣过多劳动力并支付更高的工资。Qian and Gerard(1998)认为政府将追求社会福利最大化的目标转嫁给国有企业，并以此为基础构建了企业行为理论模型，但是该模型较为侧重微观分析，并没有动态分析企业投资行为，同时对制度变量考虑较少。刘小玄和刘芍佳(1998)认为，当国有企业服从政府目标时，会追求企业收入或政府税收最大化。但是，政府无法评估产品及原材料的价格，也就没有办法估算企业利润或收入，因此，王曦（2005）认为，将国有企业的投资目标定义为追求产量及利润目标更为可行。但是，王曦（2005）在构建国有企业投资决策模型时，生产函数和调整成本函数都是二次函数，使最终得到投资方程的显解，但是该假设的普遍适用性值得进一步探讨。同时，中央政府与地方政府都面临促进经济增长、保障就业水平、维护社会稳定等问题。政府会将其经济目标转移到国有企业，比如要求企业参与交通、电力等基础设施建设，通过国有企业吸收就业人员以降低失业率等（王曦，2007；曾庆生，2006）。地方政府官员过分追求政绩也会对国有企业投资行为造成干扰。政府官员均有晋升诉求，地方政府官员的升迁、调任与该地方经济发展情况有直接关系，地方GDP、财政收入等是考察其政绩的主要经济指标（Li and Zhou，2005；罗党论，2009）。因此，国有企业在生产经营中会尽量扩大企业收入规模（陆荣，2009）。申慧慧（2012）认为，国有控股企业的关键作用是充当政府实现政治目标和社会目标的工具，政府要求国有企业承担政府责任和社会义务，造成国有企业偏离利润最大化的经营目标，进而追求投资规模。同时，张祥建（2015）认为，与政府关系密切的企业高管可能存在政治晋升职业诉求，往往通过主动承担政策目标来迎合政府，促使企业进行不必要的投资。

综上所述，学者们关于私营与国有企业投资目标的观点可归结为表2-2中所列的类别。

表2-2　私营与国有企业投资目标汇总

<table>
<tr><th>企业分类</th><th>目标内涵</th><th colspan="2">目标取向</th></tr>
<tr><td>私营企业</td><td>盈利</td><td>对自身</td><td>增加企业利润
控制生产成本
提高企业价值</td></tr>
<tr><td rowspan="2">国有企业</td><td rowspan="2">盈利
保障就业
保障政府税收
提高社会福利
促进经济增长</td><td>对自身</td><td>增加企业利润
控制生产成本
提高企业价值</td></tr>
<tr><td>对社会</td><td>提高企业产值
提高企业收入
扩大投资规模
增加职工人数及工资</td></tr>
</table>

在相关理论研究层面，上述文献对企业投资目标取向的分析均有其合理性，并反映了国有企业投资决策所需考虑的客观因素。但是，在经验研究层面，关于如何量化国有企业多元化目标取向的文献并不多见。因此，本书将在后续分析中根据

中国国有企业的特点选取相应的政策性变量，更贴切地解释企业投资行为。

2.2.2 所有制性质与投资效率

投资规模直接影响经济增长速度，投资结构和投资效率则会影响到经济增长的质量。学者们(Caplin and Leahy, 1993, 1994; Chamley and Gale, 1994; Hart, 1995; Kiyotaki and Moore, 1997; Caballero and Hammour, 1998)对投资低效率进行了有益的探讨，认为信息问题(informational problem)和契约问题(contractual problem)是形成投资低效的主要原因。

国内学者刘朝晖(2002)通过建立控股股东与证券市场之间相互博弈的微观经济模型，发现控股股东对自身利益的追求将导致企业进行非效率投资。潘敏和金岩(2003)运用一个包含信息不对称和股东目标差异等因素在内的企业股权融资投资决策模型，分析了中国企业在股权融资偏好下过度投资的形成机制。上述分析结果表明：即使不考虑信息不对称因素，中国企业同股不同权、流通股比例偏低等股权制度安排也会导致股权融资下的过度投资行为。何源等(2007)通过建立一个简单的大股东—中小股东委托代理模型证实：在只存在权益资本的情况下，股东为了实现自身利益最大化，可能会促使公司过度投资，从而损害公司的整体价值和中小股东的利益。刘星和杨亦民(2006)研究发现：低成长性企业负债水平和投资支出之间关系并不显著，因此作者认为负债水平并不能够约束过度投资行为。张敏等(2010)研究发现：政企关系更有利于企业获得长期贷款，但是企业获得贷款后更易于过度投资，贷款对企业价值有负面影响，这表明政治关联对信贷资源配置效率有显著负影响。胡建雄和谈咏梅(2015)通过聚类分析证实：①债务结构不同的企业，在市场特征和财务特征方面亦存在差异；②金融机构借款并不能约束企业过度投资行为；③商业信用能够约束企业过度投资；④发行债券却会加剧企业过度投资。

在研究企业投资效率时，国有企业投资低效问题尤其受到学者们的关注。国有企业与非国有企业(non-state owned enterprises)的重要区别是与政府的关联程度，虽然政治关联可能为企业带来好处，同时也更容易导致政府干预和利益侵害，从而给企业绩效带来负面影响(Chen, 2011)。

Jensen and Meckling(1976)指出，由于存在信息不对称与激励机制缺失等问题，企业的管理机构会直接影响企业投资决策，进而改变企业价值。Morck(1988), Mcconnell and Servaes(1990)认为，所有权结构对公司价值有影响，但这种影响的效应非单调。Shleifer and Vishny(1998)指出，政治家与企业家所追求的利益目标存在较大差异，政治家倾向于通过实现增加就业、提高公共福利等社会目标达到赚取政治资本的目的，这会导致那些与政治家走得较近的公司承担一定的政治目标，造成有政治关联的企业在经营行为方面可能偏离经济理性，即进行更多的固定资产投资和多元化扩张。Claessens(2008)以巴西的公司为样本，把曾经进行过政治捐赠的公司界定为有政治联系的公司，研究显示：有政治联系的公司尽管能够获得政府部门帮助并取得较多的信贷资源，从而能够进行更大规模的投资，但是从整体上看，有政治关联的企业的投资效率较差，这表现为有政治联系的企业具有较低的公司价值和较差的经营业绩，脱离政府干预后，企业的经营绩效将有所提高。Boubakri(2005)以发展中国家企业为研究对象，对比国有企业私有化(privatization)前后的经营情况，研究发现：国有企业进行私有化改革后，其盈利能力、投资效率都得到明显改善。Boubakri(2011)认为：国有企业私有化意味着市场竞争水平提高，因此政府放弃企业控制权后，企业绩效提升的幅度非常明显。

郝颖(2007)从行为金融的视角出发研究中国国有企业投资效率问题时认为：在国有企业的产权虚置和内部人控制的情况下，国有资产的代理人会将企业股票市场筹集的资金、用来弥补寻租性行为的损失，由此导致其过度投资。徐晓东和张天西(2009)认为：第一大股东为国家股的企业具有较为严重的代理问题，这导致更多的自由现金流被滥用于过度投资。唐雪松(2010)从中国市场与制度背景出发，分析政治关系、债务融资与企业投资行为之间的关系，发现有政治关系的企业能够以较低的成本获得更多的银行借款；同时，有政治关系的企业存在过度投资的倾向。杨兴全和张照南(2010)发现，市场化程度越高、政府干预越少的地区，投资过度程度越低。裘益政(2014)采用沪深两市A股2007—2011年私营上市公司为研究样本，分析了政治联系对过度投资的影响，分析结果表明：具有政治联系的企业更加具有过度投资的倾向，而且政治联系层级越高的企业过度投资越严重；在市场化水平比较低和政府干预程度比较高的地区，政治联系所引起的过度投资问题更严重。

同时，学者经常将中国国有企业与非国有企业进行对比研究，表明政府干扰是造成企业投资低效的主要原因。黄福广(2005)研究股权性质对管理者机会主义投资的影响，认为国有股具有产权超弱控制和行政超强控制的特点，不利于对管理者机会主义进行监控，加上银行对国有企业资金具有软约束作用，国有企业存在投资过度现象；非国有股东对经济利益的追求，形成了对管理者机会主义的严格监控，投资过度现象不明显，甚至银行对这类企业资金存在硬约束作用，可能导致这类企业出现投资不足。张栋(2008)考察了中国企业股权性质与企业过度投资之间的关系后发现,相对于非国有控股公司,国家作为控股股东的企业存在着明显的过度投资倾向。Chen(2011)在研究政府干预是否会扰乱企业投资行为并导致投资效率低下的过程中,运用中国数据进行经验分析后发现:与非国有企业相比,国有企业的投资支出对其投资机会的敏感度较弱;对于国有企业,政治关联明显降低投资有效性,但这种现象在非国有企业中并不存在。刘兴云和王金飞(2013)利用 A 股上市的国有企业为研究样本进行研究后发现:政府干预程度越高则国有企业过度投资越严重;混合所有制是国有企业改革的重要模式,但是改革后企业留存的政治关联仍会对投资产生影响。张祥建(2015)以实施股票发行进行私营化的企业为研究对象,研究结果表明:国有企业混合所有制改革后留存的国有控股和高管政治关联均对企业投资效率产生不利影响。

2.2.3 外部环境对投资的影响

除了企业自身财务状况和投资需求,包括经济波动、技术创新、政策变更在内的外部环境因素也会对企业投资行为产生影响。Smit and Ankum(1993)用期权和博弈论的方法研究企业间的竞争对投资时机的影响,研究发现:当企业面临不确定的产品市场需求、较高的利率以及净现值很低的项目时,企业会推迟投资。Claessens and Laeven(2003)认为:在法律制度不能为产权提供充分保护的情况下,对无形资产的保护相当困难,企业会更倾向于进行固定资产投资。Kang(2010)用投资欧拉等式分析奥班斯-奥克斯利法案(Sarbanes-Oxley act)对英、美企业投资的影响,结果表明:2002 年该法案生效后,美国企业经理人应用投资项目的折现率显著上升;但英国企业该指标却没有变化,也就是说,法律对小规模企业投资行为的影响较大。Bolton(2011)建立了一个动态 Tobin's q 模型,该模型预测:处于较为恶劣的经济环境时,企业会缩减投资和支出;在经济环境较好时,即使没有直接的融资需求,企业也会发行股票融资;由于企业会调整对未来金融危机的预期,金融冲击的实际影响会大幅减弱。

国内学者罗时空和周亚虹(2013)通过建立数理模型分析了房地产价格对企业投资的影响,研究发现:房地产既是企业重要的生产要素,又可作为抵押品帮助企业融资,所以房地产价格通过成本效应和流动性溢价效应影响企业投资行为;而这两种效应的作用方向相反,哪一种效应占主导由企业面临的融资约束大小决定;当面临的融资约束较大时,房价上涨更可能促进企业投资,反之则压缩企业投资。陆宇建和洪义曼(2013)以法定存款准备金率的提高作为货币紧缩政策的替代变量,研究货币政策对企业投资行为的影响。研究结果表明:货币紧缩政策显著降低了企业内部流动性和投资规模;规模小的企业投资规模对流动性的敏感度强于规模大的企业;在货币紧缩政策背景下,投资规模对筹资活动现金流量的依赖性更强。曾爱民等(2013)以2007年爆发的全球性金融危机为外生冲击事件,考察金融危机对不同财务柔性(financial fiexibility)企业投资行为的影响。其分析结果表明:与非财务柔性企业相比,财务柔性企业在金融危机时期的投资所受融资约束程度显著更轻,会在金融危机初期更大幅度地增加投资支出,并且这些新增投资能够更好地改善企业在随后年度的财务业绩。王义中和宋敏(2014)用中国上市公司数据研究宏观经济不确定性影响公司投资的作用机制,研究结果表明:宏观经济不确定性会影响公司投资行为,且通过外部需求、流动性资金需求和长期资金需求渠道起作用。

2.3 金融发展、融资约束与投资关系的研究

2.3.1 金融发展对融资约束的影响

金融发展有助于资源流动和分配,进而提高资本边际生产率(Greenwood and Jovanovic, 1990)。La Porta(1997,1998)认为金融发展会影响企业财务决策,并且欠发达的金融体系容易导致逆向选择问题,进而提高平均融资成本。Beck(2002)认为较强的融资约束会阻碍企业扩张,进而影响企业经营绩效和市场竞争力,但随着金融发展水平提高,融资约束对企业的负面影响会逐渐减弱。Love(2003)从微观层面进行研究时发现:金融发展促进经济增长的传导机制在于发达的金融体系能够减低企业融资约束,提高资源配置效率。Laeven(2003)以巴西等13个发展中国家的企业为研究对象,分析金融自由化对企业融资约束的关系,结果表明:金融自由化缓解了企业的融资约束,而小企业融资约束的缓解程度要比大企业更加显著,并证实金融深化(financial deepening)能够减少市场中的信息不对称,提高资金分配效率。Islam and Mozumdar(2007)采用31个国家1987—1997年的数据考察了金融发展对企业投资依赖内部资金程度的影响,研究发现:金融发展与企业内部资金的重要性呈负相关关系。在探讨印度企业融资约束问题时,Kendall(2012)发现:印度企业融资约束是由当地银行部门发展欠佳导致的。

国内学者李斌和江伟(2006)研究发现:相对于私营企业,国有企业能获得更多的长期债务融资,并且在政府干预程度比较低的地区以及金融发展水平比较高的地区,国有银行对不同性质公司的差别贷款行为有所减弱。饶春华(2009)以欧拉

方程为基础，采用广义矩估计方法考察金融发展对企业融资约束的影响，研究结果表明：中国企业普遍存在融资约束；金融发展有助于降低企业的融资约束水平；较之国有企业，私营企业的融资约束得到更加明显的缓解。沈红波等(2010)在研究金融发展对微观经济实体融资约束影响时发现：私营企业受到的融资约束比国有企业大；但随着金融发展水平的提高，私营企业受到的融资约束将有所缓解。王姣(2011)研究发现：企业融资约束程度与企业所在地金融发展水平有关，金融发展较好的地区，企业融资约束较小，反之则约束较大。王艳林等(2012)以中国2002—2006年A股上市公司为研究样本，对金融发展、融资约束与现金-现金流敏感性三者之间的关系进行了实证研究。上述研究发现：中国企业普遍存在融资约束问题，现金-现金流敏感性高；私营企业和中小企业的现金-现金流敏感性高于国有企业与大型企业；金融发展能有效缓解企业的融资约束问题。成立为等(2013)考察中国制造业企业融资约束情况时发现：在金融活跃程度较高的金融体系内，投资者可选择的投资工具种类较多，风险较小，而且受到融资约束相对较小。姚耀军和董钢锋(2014)验证了银行发展对中小企业融资约束的重要性，研究发现：银行中介与金融市场的比例构成、金融发展和贷款利率浮动这三个因素对中小企业融资约束并不具有重要影响；但是中小银行的发展能够显著缓解中小企业的融资约束。

2.3.2 融资约束对投资的影响

建立在MM模型(Modigliani and Miller，1958)基础上的新古典投资理论认为，在完善的资本市场下，企业投资额和资本存量仅仅依赖于要素价格和技术，与企业融资结构、融资策略无关。然而，在现实条件中，企业进行外部融资成本高于内部融资，较高的外部融资成本提高了企业放弃有利投资机会的概率(Myers and Majluf，1984)。同时，企业进行外部融资时，由于受到外部融资高成本以及信贷配给等因素的影响，难以获得所需资金进行投资，从而产生融资约束问题，进而影响其投资行为(Chapman，1996)。

1. 融资约束与投资

最初，Fazzari(1988)根据信息不对称理论最早提出了融资约束假说，并开创性地使用投资-现金流敏感性对企业所受到的融资约束进行检验。作者将现金流引入投资q理论模型。该模型预测：对那些外部融资能力受限的公司而言，现金流的变动可能是其投资的重要决定因素。具体而言，由于资本市场的不完全性，因此企业投资受到融资因素的影响，企业间外部融资成本存在差异，投资对现金流的敏感性就可以度量融资约束。在进行经验验证时，Fazzari(1988)以股利支付率衡量融资约束,并选取421家美国制造业公司作为研究样本检验了融资约束与投资-现金流敏感性的关系。研究结果显示:融资约束程度与投资-现金流敏感性正相关,即投资-现金流敏感性高的企业,企业投资对内部现金流的依赖性越强,受到的融资约束越强。

随后,Devereux and Schiantarelli(1989)通过将代理成本、财务困境引入q理论模型,验证了融资因素,如现金流、债务和股票流动性,对英国企业投资决策的影响。并且作者认为现金流敏感性比q(Tobin's q ration)更适合衡量市场基本面,但是融资因素对不同类型(如规模、年限、发展阶段)企业的影响不尽相同。Fazzari and Petersen(1993)认为,运营资本既可以作为使用资金又是资金来源,在资金有限的情况下,运营资本与固定资产投资分配相抵触;并在其经验分析中验证了该观点:在固定资产投资方程回归分析中,运营资本投资系数为负。Musso and Schiavo(2008)选取1996—2004年法国制造业企业面板数据进行分析后发现:融资约束是影响企业生存的重要因素;短期内,融资约束与企业生产率呈正相关关系。在研究发展中国家企业融资约束问题时,Athey and Laumas(1994)基于加速模型,应用印度制造业企业数据验证融资约束与投资关系时发现:企业内部资金和固定资产折旧可以较好地解释投资。与Athey and Laumas(1994)类似,Budina(2000)构建了投资加速模型,并采用保加利亚企业数据进行经验验证,研究结果显示:企业投资主要受到资金流动性约束的影响。Bassetto and Kalatzis(2011)选取367家巴西公司并采用聚类分析模型验证了融资约束对企业投资决策的影响,研究发现:投资波动性大且持有现金价值较高的公司,具有较高的投资-现金流敏感性,面临更高的融资约束。

在研究中国企业融资约束与投资的关系时,冯巍(1999)以股利支付率与企业性质作为融资约束分类标准,将制造业企业分为存在融资约束(每股现金股利低于0.05元)和不存在融资约束(每股现金股利高于0.05元)两类,分别考察内部现金流对这两组企业投资水平的影响,研究结果显示:企业内部现金流是影响企业投资的重要因素,当企业面临融资约束时这种影响则尤为显著。李金等(2007)采用与冯巍(1999)类似的研究方法,以中国上市公司为研究对象,结果也验证了融资约束与投资-现金流敏感度呈正向变动关系。汪强等(2008)运用中国非金融类上市企业为样本,探讨公司治理对融资约束与投资-现金流敏感性关系的影响,研究结果显示:融资约束较高的企业比融资约束较低的企业有更高的投资-现金流敏感性。

部分学者的研究结论并不支持Fazzari(1988)的结论。如赵剑峰和尹航(2006)采用公司规模和负债程度二维指标,将沪市上市公司划分为无融资约束、部分融资约束、融资约束三类不同的样本，分析上市公司投资行为与内部现金流量之间的敏感性，研究结果表明：企业投资行为与现金流高度正相关；融资约束程度和投资-现金流敏感性系数显著正相关；融资约束程度与投资行为及投资机会近似不相关。章晓霞和吴冲锋(2006)采用现金-现金流敏感度作为检验指标，分析中国企业的现金持有策略，经验分析结果并不支持融资约束假说：按照通常的融资约束分类标准，受到融资约束和不受约束企业的现金持有政策并没有显著的差异；并认为该结果说明中国资本市场发展得还不成熟，绝大多数公司都面临着较为严重的融资约束问题。

近年来，刘志远和张西征(2010)克服了基于企业特征对公司进行融资约束分类的弊端，利用企业所处的外部融资环境差异，检验在不同融资约束环境条件下，企业之间投资-现金流敏感性是否存在差异，由此验证投资-现金流敏感性是否反映公司融资约束程度；研究结果支持了投资-现金流敏感性大小反映融资约束程度的观点。屈文洲等(2011)借鉴市场微观结构理论中的信息不对称指标 PIN 值作为融资约束的代理指标，研究发现：①信息不对称水平越高，则公司的投资支出越低；②信息不对称水平较高的公司，其投资-现金流敏感性也较高；③信息不对称导致的融资约束与投资-现金流敏感性的关系是非线性的。章贵桥和陈志红(2013)验证了货币政策、外部融资约束和现金-现金流敏感性之间的内在联系，并发现：当央行货币政策趋于紧缩时，外部融资约束加剧，企业利用现金流积累现金的倾向会趋于稳健，现金-现金流敏感性随之发生变化；当央行放宽货币政策时，融资约束下降，企业运用现金流积累现金的倾向会趋于降低；在货币政策趋于宽松时，对于融资约束企业，其现金-现金流敏感性显著下降，而对于非融资约束企业，其对降低企业现金-现金流敏感性所产生的效应不明显。

2. 融资约束差异与投资

针对私营与国有企业融资约束差异问题，学者们多以产权结构对研究对象进行分组，并比较组别间投资-现金流敏感度。但是研究对象的经济水平不同，导致发达国家与发展中国家的研究结果也不尽相同。Gugler(2003)通过分析奥地利企业所有权和控制权结构发现，国家控股企业具有较高的投资-现金流敏感度，而其他类型企业的投资-现金流敏感度不显著。Boyreu-Debray and Wei (2005)在分析中国金融体系的缺陷时发现，由于当地政府干预及资本误配置，国有银行更偏好效率较低的国有企业，这使私营企业面临着更大融资约束。

国内学者李胜楠、牛建波(2005)发现：国有股比例较高的企业，其高负债并没有发挥约束过度投资的治理功能；对于国有股比例小的企业，高负债却抑制了高增长性公司的资本支出。钱震杰(2006)研究中国工业企业投资融资约束问题时,利用开工时间和控股权对融资约束情况作了交叉的先验分类,把企业分成国有老企业、国有新企业、非国有老企业、非国有新企业四类;对这四类企业进行回归分析,结果显示:开工时间长或国有控股的企业,不受融资约束,而非国有新企业却明显受到融资约束。张宁(2007)从大股东代理问题角度入手,细化了股权结构的分类标准,经过比较分析发现:集团控股的企业融资约束水平显著高于非集团控股的企业;自然人集团控股的企业比国有集团控股的企业面临更大的融资约束问题。Poncet(2010)选取上市企业数据研究中国企业融资约束问题,发现融资约束主要体现在三个层次:一是私营企业受到融资约束而国有企业和外资企业则没有;二是外资在地理上和部门间的分布减轻了民营资本的融资约束;三是国有企业在地理上和部门间的分布加剧了民营企业的融资约束。Chow(2010)建立包含预算软约束条件的道德风险模型,并采用中国企业数据进行验证,研究结果显示:国有产权份额越高的企业,其投资-现金敏感度越弱。

但也有学者认为,不同所有制企业间并不存在融资约束差异。郑江淮等(2001)从股权结构的角度,对企业按国家股比重进行分组,检验不同股权结构企业融资约束差异,检验结果表明:国家股比重较低企业没有受到明显的外部融资约束;国家股比重较高的企业却受到了外部融资约束。郭建强,白锐峰(2007)同时考虑了市场因素和体制政策因素,研究结果显示:随着企业国有股比例的提高和净资产回报水平的增加,投资-现金流敏感性也在递增,这说明国有企业的融资约束并不一定比非国有企业弱。郭建强和张建波(2010)考虑了现有企业特点和证券市场及其他经济环境特点,选取制造业企业数据,对不确定性和融资约束对中国企业投资的影响进行检验,结果显示:企业规模和国有股份等因素未必有利于企业融资。于蔚等(2012)探讨经济转型背景下宏观冲击对企业融资决策和资本结构调整的影响时发现:面对相同的宏观冲击,融资约束程度不同的企业,资本结构的调整行为存在差异:融资约束较为严重的民营和中小企业,由于外部融资需求强烈,对融资成本的关注度相对较低,资本结构的调整更多地受到信贷市场和股权再融资市场容量性指标的制约;融资约束较轻的国有和大型企业,外部融资需求迫切程度相对较低,对成本性指标的变动更敏感。

第 3 章

企业融资约束差异形成机制的研究

3.1 中国金融体系现状与存在的问题

3.1.1 中国金融体系的现状

1. 金融业规模

中国金融改革和发展的历程大体可分为:1978—1984 年的准备和起步阶段,1985—1996 年的转变与探索阶段,1997 年至今的调整和充实阶段(欧阳日辉,2008)。近年来,随着经济高速增长以及金融市场逐步开放,中国金融业的规模近年来出现明显的扩张,具体体现在:①金融机构数增加、业务范围扩大;②从业人员数量与素质逐年提高;③部门增加值快速增长。

(1) 金融机构及金融业务

近年来,金融机构数量与种类持续增加,金融市场加入了更多的参与者。中国的金融机构主要由银行、证券、保险、信托、基金、金融租赁、财务公司等机构组成,其中,银行机构是中国金融业中最重要的组成部分。《中国金融统计年鉴(2014)》数据显示,截至 2013 年年末,中国银行业金融机构数量已多达 3 949 家,其中包括 2 家政策性银行及国家开发银行、5 家大型商业银行、12 家股份制商业银行、145 家城市商业银行、68 家信托公司、176 家企业集团财务公司、23 家金融租赁公司等;境内证券公司 115 家。截至 2015 年 6 月,已有 5 家民营商业银行相继获批并开始对外营业。

随着中国金融机构数量增加,其业务覆盖面也在不断拓展,在传统金融业务的基础上衍生出更有效的服务方式与渠道。目前,金融机构除了为企业提供基本的存贷款业务外,还向中小企业、农业企业等特定服务对象提供相应的个性化信贷计划,拓展中间业务以实现更加丰富的理财产品,并且开发和创新企业债券、金融债券、收益债券、股权证、基金证券等金融工具。

（2）金融从业人员

《中国统计年鉴》数据显示，2003—2013年城镇金融业就业总人数 L_t^F 一直呈上升趋势，就业人数的平均增速 $g_t^{L^F}$ 为3.32%高于全国水平①(表3-1)。本书采用就业人员平均受教育年限描述金融业人力资本水平② h_t^F 。根据本书计算，2013年金融业就业人员平均受教育年限为13.36年，即金融业就业人员的平均受教育程度已到达高中以上，远高于全国平均水平 h_t^C（表3-1）。由此可见，在过去十几年中，中国金融业从业人员的数量与质量均有所提高，这为金融业务创新与发展奠定了良好基础。

表3-1　金融业就业人员情况

指标 / 年份	L_t^F /万人	$g_t^{L^F}$	h_t^F /年	h_t^C /年
	(1)	(2)	(3)	(4)
2003	353.34	3.22%	12.99	8.33
2004	356.02	3.21%	12.09	8.48
2005	359.29	3.15%	13.45	8.22
2006	367.39	3.14%	13.55	8.28
2007	389.71	3.24%	13.43	8.41
2008	417.55	3.42%	13.47	8.53
2009	449.05	3.57%	13.66	8.65
2010	470.08	3.60%	13.83	9.05
2011	505.32	3.51%	13.01	9.58
2012	527.77	3.46%	13.17	9.66
2013	537.94	2.97%	13.36	9.74

（3）部门增加值

自1997年以来，中国金融部门产出规模不断扩张，对国内生产总值的贡献亦逐年上升，具体数据可见表3-2。1997—2013年，金融业的产业增加值由3 606.76亿元增长至33 534.76亿元，平均增速为15.54%。虽然，2008年以来，全

① 本书作者根据《中国统计年鉴》相关数据测算，2003—2013年，全国就业人员数平均增速为0.45%。

② 人力资本估算方法详见本书“6.2.2中人力本存量估算”，相关数据见附录A；金融业就业人员受教育程度构成数据见附录A。

球金融危机导致中国金融业产出增速有所放缓，但是其发展速度仍然高于中国整体经济的平均水平。同时，在过去的十几年中，中国金融业产业增加值占国内生产总值的比重 $AV.F_t/GDP_t$ 总体上呈上升的趋势，至 2013 年该指标已增长至 5.28%，在第三产业中排名第二位。

表 3-2　金融业部门增加值及社会融资规模相关数据

年份＼指标	GDP_t 收入法/亿元	$AV.F_t$/亿元	$g_t^{AV.F}$/亿元	$\frac{AV.F_t}{GDP_t}$	SF_t/亿元	$\frac{SF_t}{GDP_t}$
	(1)	(2)	(3)	(4)	(5)	(6)
1997	78 973.03	3 606.76	—	4.57%	—	—
1998	84 402.28	3 697.67	2.52%	4.38%	—	—
1999	89 677.05	3 816.46	3.21%	4.26%	—	—
2000	99 214.55	4 086.69	7.08%	4.12%	—	—
2001	109 655.17	4 353.46	6.53%	3.97%	—	—
2002	120 332.69	4 612.80	5.96%	3.83%	20 112.00	16.71%
2003	135 822.76	4 989.40	8.16%	3.67%	34 113.00	25.12%
2004	159 878.34	5 392.97	8.09%	3.37%	28 629.00	17.91%
2005	184 937.37	6 086.83	12.87%	3.29%	30 008.00	16.23%
2006	216 314.43	8 099.08	33.06%	3.74%	42 696.00	19.74%
2007	265 810.31	12 337.55	52.33%	4.64%	59 663.00	22.45%
2008	314 045.43	14 863.25	20.47%	4.73%	69 802.00	22.23%
2009	340 902.81	17 767.53	19.54%	5.21%	139 104.00	40.80%
2010	401 512.80	20 980.63	18.08%	5.23%	140 191.00	34.92%
2011	473 104.05	24 958.29	18.96%	5.28%	128 286.00	27.12%
2012	519 470.10	28 722.68	15.08%	5.53%	157 631.00	30.34%
2013	568 845.21	33 534.76	16.75%	5.90%	173 168.00	30.44%

金融部门产出规模扩张，有利于其为实体经济提供资金支持。《中国金融统计年鉴》数据显示，自 2002 年以来社会融资规模 SF_t 占国内生产总值的比重 SF_t/GDP_t 整体呈上升趋势（表 3-2），这部分地说明金融体系通过为实体经济提供融资服务促进企业投资和经济增长（图 3-1）。

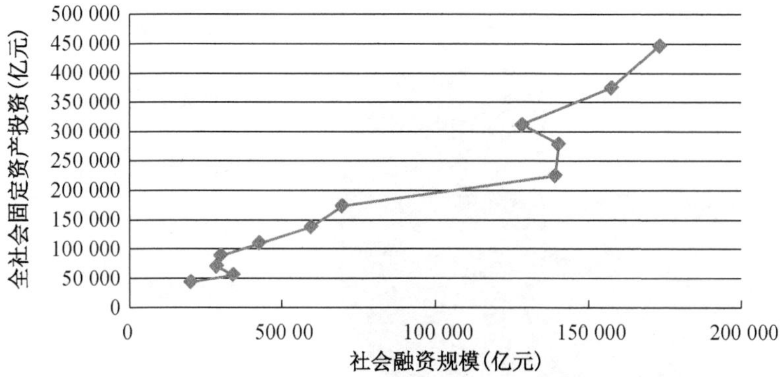

图 3-1 全社会固定资产投资与社会融资规模(2002—2013 年)

2. 银行导向型特征

金融体系可粗略地分为两类,即银行导向型金融体系①(bank-based system)和市场导向型金融体系(market-based system)(Levine,1997)。在银行导向型体系中,企业外部资金主要源于银行贷款,此类金融体系以德国为代表;在市场导向型体系中,企业外部融资主要依靠资本市场(股票和债券市场),此类金融体系以美国和英国为代表。这两类金融体系孰优孰劣,学界看法不一(Levine,2002;Chakraborty and Ray,2006;徐青娇,陈靖,2007;徐晓东,张天西,2009;Demirguckunt,2012)。

在中国法律制度与经济监管环境的影响下,金融体系更倾向于银行导向型(邹宏元,2005)。《中国金融统计年鉴》将中国社会融资构成分为人民币贷款 $RMBL_t$、外币贷款、企业债券、境内股票融资 EF_t 等几部分。截至 2013 年,人民币贷款、委托贷款、信托贷款、未贴现银行承兑汇票等直接与银行业务直接相关的融资份额已超过 80%(图 3-2),其中,人民币贷款份额 $RMBL_t/SF_t$ 虽然逐年递减,但是截至 2013 年,该指标仍高于 50%(表 3-3);同时,中国证券市场规模有限,截至 2013 年底,中国证券市场中成功上市融资的公司仅有 2 489 家,而且非金融企业境内股票融资比重 EF_t/SF_t(表 3-3)一直维持在较低水平。上述数据说明,中国企业外源融资更依赖于银行业金融机构贷款,银行在资金融通方面发挥着重要作用。

---

① 亦有学者[汪办兴(2006),李萌(2014)、刘俊山(2015)、张夷(2015)]将"bank-based system""market-based system"表述为"银行主导型"及"市场主导型"。

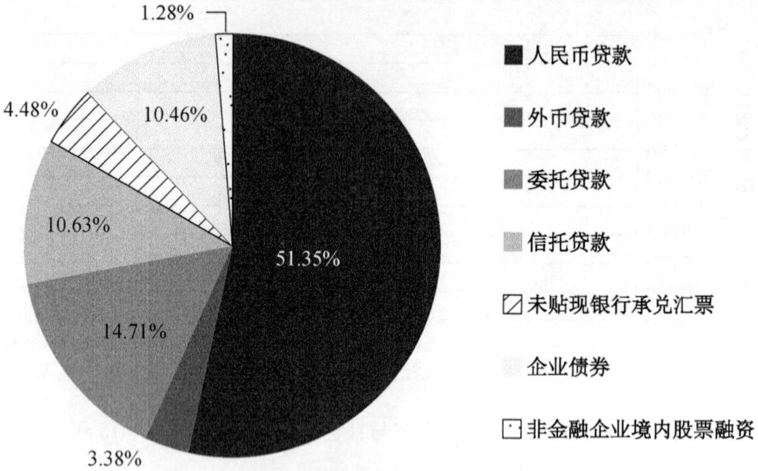

图 3-2　社会融资规模构成(2013)

表 3-3　中国社会融资构成相关数据

指标 / 年份	$RMBL_t$/亿元	EF_t/亿元	$\frac{RMBL_t}{SF_t}$	$\frac{EF_t}{SF_t}$
	(1)	(2)	(3)	(4)
2002	18 475.00	628.00	91.86%	3.12%
2003	27 652.00	559.00	81.06%	1.64%
2004	22 673.00	673.00	79.20%	2.35%
2005	23 544.00	339.00	78.46%	1.13%
2006	31 523.00	1 536.00	73.83%	3.60%
2007	36 323.00	4 333.00	60.88%	7.26%
2008	49 041.00	3 324.00	70.26%	4.76%
2009	95 942.00	3 350.00	68.97%	2.41%
2010	79 451.00	5 786.00	56.67%	4.13%
2011	74 715.00	4 377.00	58.24%	3.41%
2012	82 038.00	2 508.00	52.04%	1.59%
2013	88 916.00	2 219.00	51.35%	1.28%

3. 利率改革进程

1993 年，十四届三中全会在《中共中央关于建立社会主义市场经济体制若干问题的决定》中提出：中央银行按照资金供求状况及时调整基准利率，允许商业银行存贷款利率在规定幅度内自由浮动。这一决定拉开了中国利率市场化改革的帷幕。过去二十年，中国人民银行和银监会经国务院批准，通过发布银行管理条例和办法等途径不断推进利率改革(表 3-4)。自 2013 年 7 月 20 日起，央行全面放开金融机构贷款利率管制，取消贷款利率 0.7 倍下限。放开贷款利率意味着中国金融体系开始进入(贷款)利率市场化的关键阶段。2015 年 10 月 23 日，央行宣布下调贷款和存款基准利率的同时，对商业银行和农村合作金融机构等不再设置存款利率浮动上限。存贷款利率浮动限制放开后，存贷款客户对利率会更为敏感。为了维护客户，银行对存贷利率的调整可能会减少净息差。这对银行的运营能力提出了更高的要求，有利于提高银行资源分配的效率。

表 3-4　中国利率改革进程

时间	利率改革内容
1996 年 1 月	生成中国银行间拆借市场利率
1996 年 6 月	开放银行间同业拆借利率
1997 年 6 月	开放银行间债券市场债券回购和现券交易利率
1998 年 3 月	改革再贴现利率即贴现利率的生成机制
1998 年 10 月	扩大金融机构对中小企业贷款利率最高上浮幅度：由 10%扩大到 20%
1999 年 4 月	允许县级以下金融机构贷款利率最高可上浮 30%
1999 年 9 月	对保险公司 3 000 万元以上、5 年期以上的大额定期存款，实行保险公司与商业银行双方协商确定利率的办法
2000 年 9 月	进一步开放外币贷款利率，对 300 万美元以上的大额外币存款利率有金融机构与客户协商确定，并报中央银行备案
2002 年 3 月	中国人民银行同意外币利率管理政策，将境内外资金融机构对境内中国居民的小额外币存款，纳入中国人民银行现行小额外币存款利率管理范围
2002 年 9 月	改革试点进一步扩大到直辖市以外的省、自治区，温州利率改革开始实施
2004 年 1 月	扩大金融机构贷款利率浮动区间，不再根据所有制性质、规模大小分别确定贷款利率浮动区间
2004 年 10 月	上调金融机构贷款利率，同时放开金融机构贷款利率上限、存款利率下限
2006 年 1 月	对商业银行和非银行金融机构实行再贷款浮动利息制度
2007 年 1 月	中国货币市场基准利率正式投入运行
2008 年 5 月	小额贷款公司按照市场化原则进行经营，贷款利率上限放开，但不得超过司法部门规定的上限，下限为人民银行公布的贷款基准利率的 0.9 倍

续表

时间	利率改革内容
2008年10月	商业性个人住房贷款利率下限扩大到基准利率的0.7倍
2012年6月	金融机构存款利率浮动区间的上限调整为基准利率的1.1倍，将金融机构贷款利率浮动区间的下限调整为基准利率的0.8倍
2012年7月	下调金融机构人民币存贷款基准利率，同时将金融机构贷款利率浮动区间的下限调整为基准利率的0.7倍
2013年7月	全面放开金融机构贷款利率管制，取消金融机构贷款利率0.7倍的下限，由金融机构根据商业原则自主确定贷款利率水平
2014年11月	将人民币存款利率浮动区间上限由基准利率的1.1倍扩大至1.2倍；并将贷款基准利率简并为一年以内(含一年)、一至五年(含五年)和五年以上三个档次

注：根据人民银行公布的《中国货币政策执行报告》整理而得。

2015年3月，国务院总理李克强在政府工作报告中，对金融改革目标提出新构想，将“深化金融体制改革”概述为“围绕服务实体经济推进金融改革”，突出了“金融服务”的理念。在此基础上，报告明确表示鼓励民营有资本进入银行业以提升金融业活力，加速推进利率市场化改革以解决企业融资难及融资贵等问题。由此可见，未来的金融改革有利于社会资本和外资参与中小金融机构的重组改造；稳步推进利率市场化改革，使利率能够及时地反映央行的货币政策，并引导经济主体决策行为。

3.1.2 中国金融体系存在的问题

中国金融体系尚处在市场化进程中，需要通过进一步改革来解决旧体制中遗留的以及转型中所出现的问题。鉴于中国金融体系更具有银行导向型特点，以下围绕银行机构及其相关业务展开讨论。

1. 政府干预严重

中国的部分商业银行并不是完全自主经营的市场主体，经其分配的信贷资源带有一定的政府偏好，这种配置方式决定了相当部分的信贷资源被分配到本身并不具备经营盈利能力的企业乃至产业；同时，地方政府为了保障本地区经济增长速度、税收收入，会干预商业银行的信贷行为(郑军，2014)。中国部分大型国有企业亏损严重，但是在地方政府的干预下，银行不得不向这些企业提供贷款，进而出现国有企业预算软约束的问题。商业银行不良贷款余额、不良贷款率逐年上升与政府干预不无关系。银监会数据显示，截至2014年三季度末，中国商业银行不良贷款余额达7 669亿元，较上季末增加725亿元，连续十二个季度上升；不良贷款率为1.16%，较上季末上升0.09%。考虑到中国经济增速放缓，而银行业作为最典型的正周期行业，其经营业绩与宏观经济运行趋势相同，因此，未来时期的经济情况对中国银行信贷质量形成一定的挑战。政府干预银行信贷行为一方面造成不良贷款率上升，增加了商业银行的经营风险；另一方面不利于银行促成资源分配的优化，从而会降低整体经济资本产出效率。

2. 国有资本垄断

虽然中国一直推进金融体制改革，但国有资本规模在金融机构中仍然具有绝对优势。《中国金融统计年鉴》数据显示，截至2013年末，中国银行业金融机构中，国有大型商业银行仅为5家，股份制商业银行为12家，其余为城市商业银行、企业集团财务公司、信托公司、金融租赁公司。但是，就资产规模而言，2013年，大型商业银行资产比重仍高达43.3%，其总资产规模远高于其他机构(图3-3)。

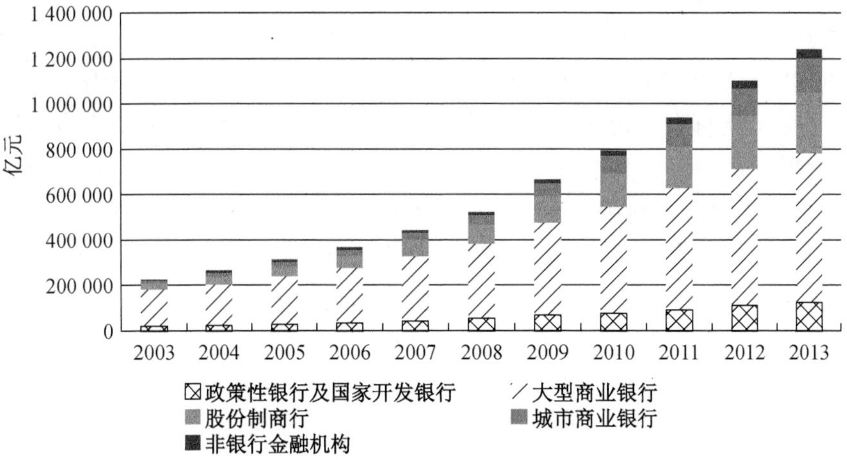

图3-3 银行业金融机构总资产(亿元)

国有大型商业盈利水平一直高于其他金融机构，与其所具有的垄断地位不无关系。本书作者根据《中国金融统计年鉴》数据测算发现，2003—2013年，中国大型国有商业银行营业利润率平均值为61.05%，远高于股份制商业银行的44.36%；二者营业收入结构数据显示，大型商业银行手续费及佣金收入占营业收入份额的平均值为14.10%，股份制商业银行该指标为9.29%。由此可推断，大型商业银行之所以能够获得较高收益，并不一定源自机构本身的经营能力，而是与大型国有商业银行服务收入较高有关。

一个能够有效调节市场供需、保证高效率使用资源的市场不应该是一个垄断性市场,而应该是开放和竞争性的市场,需要有足够多的市场参与者,入市和退出的交易成本不应该过高。就中国金融体系的现实情况来看,私营资本进入金融领域亦存在诸多壁垒,故形成了大型国有金融机构为主导的金融体系。在这种环境中难以形成良性的竞争秩序,不利于资本的自由流动和优化配置,间接影响资本价格对企业的引导作用。金融机构是高收益的行业,民营资本积极性很高。但是高收益往往伴随高风险,因此中国监管部门对民营资本控股金融机构实行严格的准入限制。因此,中国民营资本难以进入金融机构,截至 2015 年 6 月,中国民营银行仅获批 5 家,而且这些银行的定位主要是小微和民营客户,该趋势是否能够对金融市场产生重大的实质性影响还有待观察。

3. 运作效率较低

就存贷款基本业务而言,商业银行在控制自身运营风险的情况下,通过协调贷款与存款比例赚取最高利差。因此,存贷比①(loan-to-deposit ratio)既可以反映银行的盈利水平,也可以描述其资金使用效率。如图 3-4 所示,2003—2013 年,中国金融机构的存贷比整体呈下行趋势,并且,自 2004 年以来,银行存贷比一直远低于 75%②的临界指标。这说明,商业银行的存款规模对其贷款规模基本没有限制作用,银行仍有富余的贷款能力,效率低下③;中国商业银行资金使用效率较低,没有实现信贷资源的有效利用。同时,法定存款准备金对存贷比的解释力度较弱(图 3-5),这说明货币政策对银行的信贷水平并没有产生实质影响。由此可见,银行的放贷能力并没有得到完全释放,资金运营能力有待提高,社会整体贷款规模仍有上升空间。同时,在资源配置方面,较之国有企业,私营企业仍面临融资难、融资贵的问题,中国金融机构存在资本误配的问题(鄢萍,2012)。

在资金运用方面,2015 年 10 月 1 日起施行的《中华人民共和国商业银行法》对商业银行仍有诸多限制,比如:商业银行在中华人民共和国境内不得从事信托投资和证券经营业务,不得向非自用不动产投资或者向非银行金融机构和企业投资。这些规定限制了银行经营范围,虽然对稳定金融风险起到一定的作用,但是对商业银行综合经营、扩展业务却有不利影响。

---

① “存贷比”应该称为“贷存比”,是银行贷款余额与存款余额的比率(易纲,2014)。

② 1995 年 7 月 1 日至 2015 年 9 月 30 日,《中华人民共和国商业银行法》规定贷款余额与存款余额比例不得超过 75%。

③ 张建华(2003)、王聪(2007)、褚国庆(2015)、任晓怡(2015)等选择中国商业银行为研究对象评价其投入-产出效率,均得出银行整体运作低效的结论。

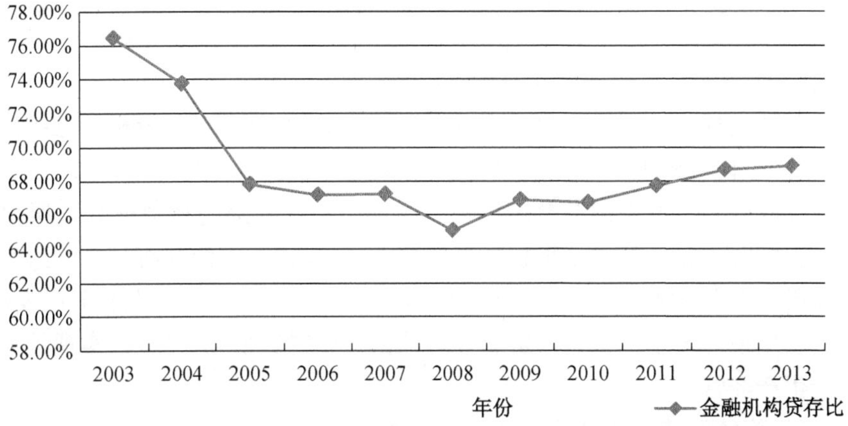

图 3-4　金融机构存贷比走势

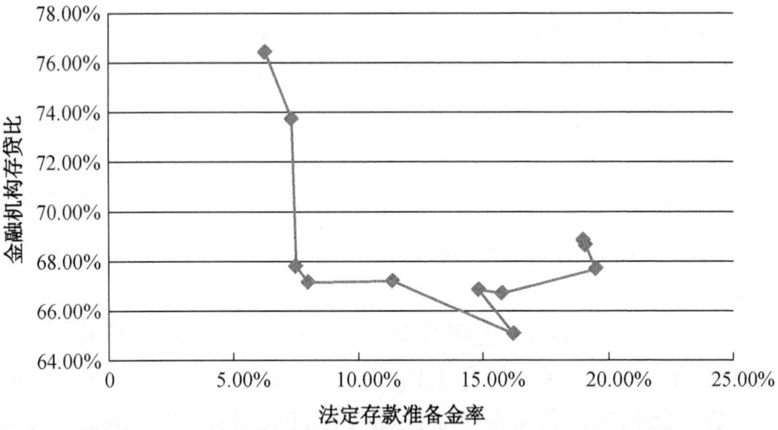

图 3-5　金融机构存贷比与法定存款准备金率的关系(2003—2013)

3.2　企业融资约束差异的形成机制

结合中国金融体系银行主导型的特点,本节以银行部门为研究对象、构建银行业金融机构信贷决策的数理模型,从中推导出金融体系内针对私营和国有企业差异化融资约束的生成机制以及主要影响因素。

3.2.1 金融机构信贷决策模型

在构建银行业金融机构信贷决策模型时，沿用 Dewatripont and Maskin (1995)的研究思路，考虑金融机构贷款风险及收益的不确定性，分析金融机构分配货币资金的过程。根据中国金融机构的基本特点与本书研究内容，假设经济循环中存在家庭部门、工业部门与金融机构三个部门。家庭部门将部分收入所得存入金融机构并获得利息收入；金融机构聚集存款、形成信贷资源并将其分配给生产企业；工业部门由两类不同所有制属性的企业构成，即私营企业(用符号 P 表示)与国有企业(用符号 S 表示)，这两类企业均从银行获得贷款，通过融资实现其投资计划，进行生产经营。

金融机构的经营主体和业务范围设定如下：

(1) 为了便于分析，假设模型中的金融机构仅包括大型国有商业银行、股份制商业银行、城市商业银行等，其中大型国有商业银行居垄断地位。商业银行(用符号 B 表示)主要从事资金融通，实现资金分配和流转等活动。

(2) 模型中，银行的业务对象主要是家庭和工业部门，即从家庭部门吸收存款(属于负债业务①)，并将存款有选择地借贷给工业部门(属于资产业务)，获取贷款利息收入。

(3) 存贷款利差构成了商业银行的盈利来源，由于模型重点分析商业银行和实体经济中生产性企业之间贷款供需关系，因此假设银行利润最大化目标等同于信贷收入最大化目标。

(4) 在分配信贷资源时，商业银行会考虑企业的支付意愿、信贷风险、政府(或央行)的信贷政策等因素，在允许范围内围绕基准利率上下浮动贷款利率，并最终确定企业贷款合同利率。若企业信贷风险较高，则银行有可能倾向于提高贷款利率，反之可能倾向于降低货款利率；在政策的影响下，不排除商业银行将部分信贷资源分配给产出效率较低的企业。

(5) 中国银行机构中大型国有商业银行占主导地位，其经营行为部分地受到政策性因素影响(亦有学者认为政府、国有企业与国有银行属于同一利益集团，国有企业更容易获得银行的资金支持；曹廷求，2011)；归属于中央或地方的国有企业破产风险小，且国有企业规模相对较大，可用于抵押的非流动资产比重高②。从政

① 银行业务主要可分为负债业务、资产业务、中间业务等三类(许世琴，2013)。

② 本书根据《中国统计年鉴》数据测算发现，1998—2011 年，国有及国有控股工业企业非流动资产比重平均值为 63.12%，高于全国平均水平 8 个百分点。

策性倾向角度和风险回报角度两方面考虑，模型中假定商业银行对贷款风险和贷款期望收益的评价因其信贷服务对象（企业）的产权归属不同而有所差异，商业银行更倾向于向国有企业提供贷款。

根据上述描述，本书构建银行部门 t 期收入方程如下：

$$\Pi_t^B = E_t^P + E_t^S \tag{3-1}$$

式中，E_t^P 与 E_t^S 分别表示银行对通过为私营或国有企业提供信贷服务而获取净收入。由于投资存在风险，银行的信贷收益也具有不确定性。因此，式中的 E_t^S，E_t^P 均为期望值。

银行在做出信贷决策时，会综合评估企业历史信用记录与未来的风险水平，决定是否为企业提供信贷服务以及提供贷款的规模 i_t 与利率 r_t 。同时，银行一般也要求企业提供实际价格为 v_t 的抵押品来规避信贷风险，且 v_t 占其贷款额 i_t 的比例应等于某一临界值 γ_t ，即 $v_t = \gamma_t \cdot i_t$ 。银行在考虑贷款风险及收益的不确定性时，①若企业因经营失败而无法偿还贷款（设贷款坏账率为 η_t ），则银行仅能获得变卖企业提供抵押品的收入 v_t 与贷款额 i_t 的差额 $(v_t - i_t)$ ；②若企业能够偿还贷款（设贷款好账率为 $1-\eta_t$ ），银行收回贷款本金的同时还会赚取利息收入 $r_t \cdot i_t$ 。因此，银行对企业提供信贷获得期望收益 E_t 可表示为

$$\begin{aligned} E_t &= (1-\eta_t) \cdot r_t \cdot i_t + \eta_t \cdot (v_t - i_t) \\ &= (1-\eta_t) \cdot r_t \cdot i_t + \eta_t \cdot (\gamma_t \cdot i_t - i_t) \end{aligned} \tag{3-2}$$

式(3-2)中，银行预计贷款坏账率 η_t 时会受到企业所有制因素的影响。由于国有企业破产风险较小，银行对国有企业坏账率的评价 η_t^S 通常低于私营企业 η_t^P 。但是，随着金融发展水平 FD_t 的提高，所有制因素的影响将逐渐减弱，银行对国有企业贷款坏账率的判断将会趋于私营企业。因此，η_t^S 是设为一个与金融发展水平 FD_t 有关的变量：

$$\eta_t^S = \eta_t^S(FD_t), \quad \frac{\partial \eta_t^S}{\partial FD_t} > 0 \tag{3-3}$$

综上所述，银行部门收入最大化问题可表示为

$$\begin{aligned} L^B = \max[&(1-\eta_t^S) \cdot r_t^S \cdot i_t^S + \eta_t^S \cdot (\gamma_t^S \cdot i_t^S - i_t^S) + \\ &(1-\eta_t^P) \cdot r_t^P \cdot i_t^P + \eta_t^P \cdot (\gamma_t^P \cdot i_t^P - i_t^P)] \end{aligned} \tag{3-4}$$

设贷款利率 r_t 是贷款规模 i_t 的函数($r_t(i_t)$)，并且二者存在如下关系（销售-价格函数）：银行扩大放贷规模时，企业对贷款利率的支付意愿会有所下降，反之则

支付意愿会有所上升，即

$$\frac{\partial r_t^\chi}{\partial i_t^\chi} < 0 \tag{3-5}$$

相应地，贷款利率对贷款规模的弹性 ε_t 可表示为

$$\varepsilon_t = -\frac{i_t}{r_t} \cdot \frac{\partial r_t}{\partial i_t} \tag{3-6}$$

求解式(3-4)最优解的一阶条件：

$$\frac{\partial L^B}{\partial i_t^S} = 0,\ (1-\eta_t^S) \cdot \left(\frac{\partial r_t^S}{\partial i_t^S} \cdot i_t^S + r_t^S\right) + \eta_t^S \cdot (\gamma_t^S - 1) = 0 \tag{3-7}$$

$$\frac{\partial L^B}{\partial i_t^P} = 0,\ (1-\eta_t^P) \cdot \left(\frac{\partial r_t^P}{\partial i_t^P} \cdot i_t^P + r_t^P\right) + \eta_t^P \cdot (\gamma_t^P - 1) = 0 \tag{3-8}$$

将式(3-6)分别代入式(3-7)，式(3-8)后，可得到私营与国有企业融资成本的表达式：

$$r_t^S = \frac{\eta_t^S \cdot (1-\gamma_t^S)}{(1-\eta_t^S) \cdot (1-\varepsilon_t^S)} \tag{3-9}$$

$$r_t^P = \frac{\eta_t^P \cdot (1-\gamma_t^P)}{(1-\eta_t^P) \cdot (1-\varepsilon_t^P)} \tag{3-10}$$

目前，贷款利率的浮动范围有限，故贷款利率对贷款规模的弹性较小，可近似为零，即 $\varepsilon_t \approx 0$ 。则式(3-9)，式(3-10)可简化为

$$r_t^S = \frac{\eta_t^S \cdot (1-\gamma_t^S)}{1-\eta_t^S} \tag{3-11}$$

$$r_t^P = \frac{\eta_t^P \cdot (1-\gamma_t^P)}{1-\eta_t^P} \tag{3-12}$$

由于融资成本部分地反映了企业融资条件，因此本书将私营与国有企业融资成本之比 r_t^P/r_t^S 描述为私营与国有企业间融资约束差异 Dr_t^{PS} ，该指标体现了企业融资的相对难易程度。式(3-12)除以式(3-11)可得到 Dr_t^{PS} 的表达式：

$$Dr_t^{PS}=\frac{1-\eta_t^S}{\eta_t^S}\cdot\frac{\eta_t^P}{1-\eta_t^P}\cdot\frac{1-\gamma_t^P}{1-\gamma_t^S}=\left(\frac{1}{\eta_t^S}-1\right)\cdot\frac{\eta_t^P}{1-\eta_t^P}\cdot\frac{1-\gamma_t^P}{1-\gamma_t^S} \tag{3-13}$$

由式(3-3)与式(3-13)可知，企业融资约束差异 Dr_t^{PS} 受到金融发展水平 FD_t、信贷风险评价 η_t 及抵押品价值占其信贷额的比例 γ_t 因素的影响。

3.2.2 融资约束差异的影响因素分析

式(3-11)—式(3-13)给出了银行部门信贷决策模型的解。对于银行而言，模型解包含了银行信贷决策的影响因素；对于企业而言，模型解反映了企业融资约束及差异的决定因素。本书将从企业融资角度出发，采用比较静态分析的方法分析各因素对企业融资约束及差异的影响。

1．融资约束(r_t^P，r_t^S)的影响因素

(1) 企业贷款的坏账率 η_t，$\frac{\partial r_t}{\partial \eta_t}>0$。银行在为企业提供抵押贷款时，会评价企业信贷风险水平，并据此确定贷款利率，获得利息收入以及适当的风险回报。预期坏账率 η_t 越高，则银行提高贷款利率 r_t 的可能性越大。

(2) 企业抵押品价值与贷款额的比值 γ_t，$\frac{\partial r_t}{\partial \gamma_t}<0$。银行为了控制信贷风险，会要求企业提供财产抵押担保。γ_t 为抵押品价值与贷款额的比值。γ_t 越高，则出现坏账时银行所蒙受的损失将越小。在贷款利率中所要求的风险回报也越低。

(3) 金融发展水平 FD_t，$\frac{\partial r_t^S}{\partial FD_t}>0$。若金融发展水平提高，银行弱化对制度性、风险等因素的考虑，对国有企业贷款的条件会有所收紧，对贷款利率 r^S 会做适当上调。相应地，国有企业的融资成本也相对提高。

2. 融资约束差异 Dr_t^{PS} 的影响因素

私营与国有企业间融资约束差异 Dr_t^{PS} 如式(3-13)所示。为了便于说明问题，重新定义式(3-13)中相关变量：

$$D\eta_t^{PS}=\frac{\eta_t^P}{1-\eta_t^P}\cdot\frac{1-\eta_t^S}{\eta_t^S} \tag{3-14}$$

$$D\gamma_t^{SP}=\frac{1-\gamma_t^P}{1-\gamma_t^S} \tag{3-15}$$

其中，$D\eta_t^{PS}$ 为私营与国有企业坏账率的比值；$D\gamma_t^{SP}$ 表示行所承受的私营与国有企业坏账损失比。因此，式(3-13)可简化为

$$Dr_t^{PS} = D\eta_t^{PS} \cdot D\gamma_t^{SP} \tag{3-16}$$

如式(3-16)所示,影响私营与国有企业融资约束差异 Dr_t^{PS} 的因素包括:私营与国有企业贷款坏账率的差异 $D\eta_t^{PS}$,银行部门所承受的私营与国有企业坏账损失比 $D\gamma_t^{SP}$,前者又和中国金融发展水平 FD_t 有关。

上述外生变量中,$D\eta_t^{PS}$ 及 $D\gamma_t^{SP}$ 对私营与国有企业融资约束差异 Dr_t^{PS} 的影响与前文分析相似,即 Dr_t^{PS} 与信贷风险及风险补偿相关,在此不再赘述,静态比较分析结果见表 3-5。值得一提的是融资约束差异 Dr_t^{PS} 与金融发展 FD_t 的关系。金融部门发展水平 FD_t,$\frac{\partial Dr_t^{PS}}{\partial FD_t}<0$ 。并且,由 η_t 与 FD_t 呈正相关关系[式(3-13)]及式(3-3)可推得 Dr_t^{PS} 与 FD_t 呈负相关关系,即 $\frac{\partial Dr_t^{PS}}{\partial FD_t}<0$ 。也就是说,随着金融体制改革的推进、市场化程度的提高和竞争性市场的形成,银行对私营企业的“价格歧视”现象可望有所改观,私营与国有企业之间的融资约束差异问题也将逐渐缓解。

表 3-5 中列出了对式(3-11)—式(3-13)中模型解的比较静态分析结果,可总结各影响因素对被解释变量的作用方向。

表 3-5 比较静态分析结果

外生变量 内生变量	η_t^P	γ_t^P	η_t^S	γ_t^S	$D\eta_t^{PS}$	$D\gamma_t^{SP}$	FD_t
r_t^P	+	−					
r_t^S			+	−			+
Dr_t^{PS}					+	+	−

注:表中“—”表示内生变量与外生变量负相关;“+”表示二者正相关。

本章结合中国金融体系特点,从企业融资角度出发,通过建立数理模型分析了贷款利率、抵押品价值、金融发展等因素对私营、国有企业融资约束及其差异的影响。由数理模型推得的结果显示:在中国现行金融体系内,由于制度性、政策性以及风险等因素,私营企业与国有企业的融资条件存在明显差异。这一结果部分地解释了私营企业融资难、融资成本高的原因。此外,基于模型假设和推导,本章做出如下推论:随着中国金融发展水平的提高,私营与国有企业间融资约束差异的问题将有所改观,私营企业融资难问题将得到缓解。上述结论有待于在后继章节的经验分析中进行验证。

第 4 章

私营与国有企业投资决策分析

4.1 数理模型构建与分析

4.1.1 所有制性质与投资决策目标

企业所有制性质会影响其经营目标，故构建私营企业与国有企业的投资决策数理模型前，首先要分析两类企业的目标异同。

1. 私营企业

私营企业从事生产经营活动的目的是获取利润，并且从利润最大化角度选择生产要素投入数量、生产方式组合等。根据国家统计局、国家工商行政管理局《关于划分企业登记注册类型的规定》的描述，私营企业是指由自然人投资设立或由自然人控股的营利性经济组织。因此，私营企业：①所有权属于企业财产所有者或股东；②没有政府为后盾，其生存和发展直接受到企业经营成果的影响。私营企业在进行投资决策时，会根据企业内、外部经营环境确定对其最为有利可图的投资时机和规模。

2. 国有企业

与私营企业不同，中国为数众多的国有企业具有部分公共企业的特征（李卫平，2006；张安毅，2014），即所谓的“公共性”和“企业性”。其中，“公共性”主要表现在：①国有企业的生产经营活动或多或少地具有政策性功能，决策更关注社会整体福利水平，企业经营直接或间接地受到政府的监管；②狭义的国有企业，其运作资金主要来源于政府（Wagner，1958），其产品具有公共性。“企业性”主要是指大部分国有企业与私营企业一样，需要遵循市场规律、以获取营业收入和利润为目的从事生产和经营活动。当然，当社会目标与利润目标相冲突时，国有企业会侧重其社会目标（魏陆，2010）。

由于国有企业同时具有“公共性”和“企业性”特征，其经营目标也呈双元化：在追求自身经济利益的同时也注重公共利益。就追求企业经济利益而言，国有企业与私营企业之间没有本质差别，其经营目标为利润最大化。但获取利润并非国有企业的唯一目标，作为政府的经济政策工具，国有企业往往还承担更多的社会责任，如促进经济增长、稳定物价及保障就业(李勇，2015)。为了实现一定的增长目标，创造新的就业岗位，国有企业往往会采取扩大投资规模的策略，体现为投资扩张冲动。另一方面，国有企业的管理者多由政府直接任命，并委以一定的行政级别，其管控范围与企业规模有关。企业规模越大，管理者的行政级别越高，其可行使的资源、产品和收入的支配权也越大；而且国有企业管理者要谋求行政级别的升迁，也需要完成企业增长目标，争取提高企业产值、增加职工人数。因此，国有企业兼顾自身经济利益和公共利益的结果是，其生产经营决策具有双重导向，即在追求利润的同时也追求产出目标(王曦，2005；李敏波，2008)。

4.1.2 数理模型

由于企业的经营目标与其所有制性质不无关系，本节将考虑不同所有制企业的目标差异，将工业部门划分为私营企业与国有企业两部分，分别构建两类企业的投资决策模型。

私营或国有企业在 t 期的产出 Y_t 由资本存量 K_t、劳动投入 L_t 及全要素生产率 A 共同决定。假定国有、私营企业的投入-产出关系均符合 Cobb-Douglas 生产函数形式①，可表示为

$$Y_t^\chi = A^\chi \cdot (K_t^\chi)^{\beta^\chi} \cdot (L_t^\chi)^{\alpha^\chi}, \quad \chi = \{S, P\} \tag{4-1}$$

式中，P 代表私营企业；S 代表国有企业；全要素生产率 A 在给定时间段内近似为常数；实物资本 K_t 与劳动力 L_t 的产出弹性分别 β 与 α 。

1. 私营企业

式(4-2)给出了一个私营企业部门内代表性企业在 t 期的盈利函数：

$$\Pi_t^P = p_t \cdot Y^P(K_t^P, L_t^P) - \delta^P \cdot K_{t-1}^P - r_t^P \cdot I_t^P - \omega_t^P \cdot L_t^P \tag{4-2}$$

其中，Π_t^P 为利润；p_t 代表产出 Y_t^P 的价格，$Y_t^P(K_t^P, L_t^P)$ 为生产函数；L_t^P 和 K_t^P 分别为企业投入的劳动力和实物资本；企业为了维持生产活动，通过融资在 t 期实现投资 I_t^P ②，支付相应的单位融资成本 r_t^P ；实物资本折旧率 δ^P 为常数；ω_t^P 为企业劳

① 冯晓等(2012)已证明，C-D 生产函数形式可以恰当地描述中国经济投入产出关系。

② 为了简化模型推导，设企业投资资金主要来源于外部债务融资。

均工资。

私营企业各期利润现值可表示为

$$\Pi^P = \int_{t=0}^{\infty} \{p_t \cdot Y^P(K_t^P, L_t^P) - \delta^P \cdot K_{t-1}^P - r_t^P \cdot I_t^P - \omega_t^P \cdot L_t^P\} \mathrm{d}t \quad (4\text{-}3)$$

若私营企业对各周期盈利水平有时间上的偏好差别，以 $t=0$ 周期为基准计算盈利现值时需考虑贴现 $e^{-\rho^P t}$，ρ^P 为时间偏好的递减率，则私营企业追求长期利润现值最大化的目标函数为

$$\max_{L,I} \int_{t=0}^{\infty} e^{-\rho^P t} \cdot \{p_t \cdot Y^P(K_t^P, L_t^P) - \delta^P \cdot K_{t-1}^P - r_t^P \cdot I_t^P - \omega_t^P \cdot L_t^P\} \mathrm{d}t \quad (4\text{-}4)$$

实物资本积累满足如下条件：

$$\dot{K}_t^P = I_t^P - \delta^P \cdot K_{t-1}^P \quad (4\text{-}5)$$

其中，投资 I_t^P 与劳动力投入 L_t^P 均由企业根据生产经营目标自行决定，故为决策变量；资本存量 K_t^P 由逐年投资积累形成，故为状态变量。

根据式(4-4)，式(4-5)，构建汉密尔顿函数(Hamilton function)：

$$H^P = e^{-\rho^P t} \cdot [p_t \cdot Y^P(K_t^P, L_t^P) - \delta^P \cdot K_{t-1}^P - r_t^P \cdot I_t^P - \omega_t^P \cdot L_t^P] + \lambda_t^P \cdot (I_t^P - \delta^P \cdot K_{t-1}^P) \quad (4\text{-}6)$$

令 $H_C^P = e^{\rho^P t} \cdot H^P$，且 $m^P = e^{\rho^P t} \cdot \lambda_t^P$，则得到现值汉密尔顿函数(current-value Hamilton function)：

$$H_C^P = p_t \cdot Y^P(K_t^P, L_t^P) - \delta^P \cdot K_{t-1}^P - r_t^P \cdot I_t^P - \omega_t^P \cdot L_t^P + m_t^P \cdot (I_t^P - \delta^P \cdot K_{t-1}^P) \quad (4\text{-}7)$$

根据动态最优化方法求解私营企业实现利润最大化目标的一阶条件：

$$\frac{\partial H_C^P}{\partial I_t^P} = 0, \qquad r_t^P = m_t^P \quad (4\text{-}8)$$

$$\frac{\partial H_C^P}{\partial L_t^P} = 0, \qquad p_t \cdot \frac{\partial Y^P}{\partial L_t^P} = \omega_t^P \quad (4\text{-}9)$$

$$\dot{m}_t^P = \rho^P \cdot m_t^P - \frac{\partial H_C^P}{\partial K_t^P}, \qquad \dot{m}_t^P = \rho^P \cdot m_t^P - p_t \cdot \frac{\partial Y^P}{\partial K_t^P} \quad (4\text{-}10)$$

$$\lim_{T\to\infty} e^{-\rho^P \cdot T} \cdot m_T^P \cdot K_T^P = 0 \tag{4-11}$$

整理式(4-8)—式(4-10)可得

$$\frac{\partial Y^P/\partial L_t^P}{\partial Y^P/\partial K_t^P} = \frac{\omega_t^P}{\rho^P \cdot r_t^P - \dot{r}_t^P} \tag{4-12}$$

由于企业生产函数符合 Cobb-Douglas 形式，另定义单位融资成本增速为 $g_{r_t^P} = \dot{r}_t^P / r_t^P$，则式(4-12)可整理为

$$K_t^P = \frac{\beta^P}{\alpha^P} \cdot \frac{1}{r_t^P} \cdot \frac{1}{\rho^P - g_{r_t^P}} \cdot \omega_t^P \cdot L_t^P \tag{4-13}$$

令人均资本存量 $k_t^P = K_t^P / L_t^P$，则式(4-13)两边同时除以 L_t 后可整理得到关于 k_t^P 的等式：

$$k_t^P = \frac{\beta^P}{\alpha^P} \cdot \frac{1}{r_t^P} \cdot \frac{1}{\rho^P - g_{r_t^P}} \cdot \omega_t^P \tag{4-14}$$

由式(4-14)可知，影响企业人均资本存量 k_t^P 的主要因素包括资本产出弹性 β^P，劳动力产出弹性 α^P，融资成本 r_t^P 及其(预期)增速 $g_{r_t^P}$，平均劳动工资率 ω_t^P 及时间偏好 ρ^P。式(4-14)的经济含义可概括为：

(1) 资本产出弹性 β^P 越大，则企业更倾向于采用资本密集型生产方式；劳动力产出弹性 α^P 越大，则企业更倾向于采用劳动力密集型生产方式；

(2) 融资成本 r_t^P 对企业投资有抑制作用；预期融资成本 $g_{r_t^P}$ 上升，则企业会提高本期的投资量，反之亦然；

(3) 企业更倾向于追求短期盈利，即时间偏好 ρ^P 越大，则企业当期的投资意愿会降低，资本存量将减少；

(4) 工资率 ω_t^P 上升会引起资本对劳动力的替代，投资随之增加，人均资本存量上升。

2. 国有企业

为了体现国有企业同时兼有“社会性”与“企业性”特点，设国有企业部门内代表性企业的目标函数中包含了盈利和产出双重目标，理由如下：基于现有对国有企业投资目标的研究(见 2.2 节)，国有企业就自身发展而言追求盈利，就社会责任而言还承担政策性功能；其中，政策性功能体现在提高产值、扩大投资规模、增加就业等方面(表 2-2)，一般来讲，企业的投资规模、员工数量均与产量呈正相关关系，因此，本书认为国有企业对产量的关注可以反映其政策性功能。同

时，基于国有企业的盈利和产出双重目标具有可替代性，本书将国有企业投资决策目标表示为

$$\Pi_t^S = \theta_t^{Y,S} \cdot [p_t \cdot Y^S(K_t^S, L_t^S) - \delta^S \cdot K_{t-1}^S - r_t^S \cdot I_t^S - \omega_t^S \cdot L_t^S] + Y^S(K_t^S, L_t^S) \tag{4-15}$$

其中，上标 S 用以注明国有企业的各投入、产出及价格变量，如 $Y_t^S(K_t^S, L_t^S)$ 为国有企业的生产函数，δ^S 为资本折旧率，r_t^S 为单位融资成本等，其他变量定义与私营企业相似，不再赘述。相对于产量目标 $Y_t^S(K_t^S, L_t^S)$，国有企业对盈利目标的评价权重①为 $\theta_t^{Y,S}(\theta_t^{Y,S}>0)$；$\theta_t^{Y,S}$ 上升，则企业更关注盈利目标；反之，则企业更关注产出目标；$\theta_t^{Y,S}$ 的变化同时也反映了国有企业的经营目标可能受国家政策性因素影响。

国有企业投资的动态优化决策问题可表示为

$$\max_{L,I}\int_{t=0}^{\infty} e^{-\rho^S \cdot t} \cdot \left\{\begin{aligned}&\theta_t^{Y,S} \cdot [p_t \cdot Y^S(K_t^S, L_t^S) - \delta^S \cdot K_{t-1}^S - r_t^S \cdot I_t^S - \omega_t^S \cdot L_t^S]\\&+Y^S(K_t^S, L_t^S)\end{aligned}\right\}dt \tag{4-16}$$

实物资本积累满足如下条件：

$$\dot{K}_t^S = I_t^S - \delta^S \cdot K_{t-1}^S \tag{4-17}$$

类似于私营企业求动态优化解，构造现值汉密尔顿函数：

$$H_C^S = \theta_t^{Y,S} \cdot [p_t \cdot Y^S(K_t^S, L_t^S) - \delta^S \cdot K_{t-1}^S - r_t^S \cdot I_t^S - \omega_t^S \cdot L_t^S] + Y^S(K_t^S, L_t^S) + m_t^S \cdot (I_t^S - \delta^S \cdot K_{t-1}^S) \tag{4-18}$$

国有企业实现经营目标最大化的一阶条件为

$$\frac{\partial H_C^S}{\partial I_t^S} = 0, \qquad \theta_t^{Y,S} \cdot r_t^S = m_t^S \tag{4-19}$$

$$\frac{\partial H_C^S}{\partial L_t^S} = 0, \qquad (1+\theta_t^{Y,S} \cdot p_t) \cdot \frac{\partial Y^P}{\partial L_t^P} = \theta_t^{Y,S} \cdot \omega_t^P \tag{4-20}$$

$$\dot{m}_t^S = \rho^S \cdot m_t^S - \frac{\partial H_C^S}{\partial K_t^S}, \qquad \dot{m}_t^S = \rho^S \cdot m_t^S - (1+p_t \cdot \theta_t^{Y,S}) \cdot \frac{\partial Y^S}{\partial K_t^S} \tag{4-21}$$

---

① 陆荣(2005)、李敏波(2008)在描述国有企业经营目标双重性时，也采用类似方法。

$$\lim_{T\to\infty} \mathrm{e}^{-\rho^S \cdot T} \cdot m_T^S \cdot K_t^S = 0 \tag{4-22}$$

式(4-19)—式(4-22)整理可得

$$\frac{\partial Y^S / \partial L_t^S}{\partial Y^S / \partial K_t^S} = \frac{\theta_t^{Y,S} \cdot \omega_t^S}{\theta_t^{Y,S} \cdot \rho^S \cdot r_t^S - \theta_t^{Y,S} \cdot \dot{r}_t^S - \dot{\theta}_t^{Y,S} \cdot r_t^S} \tag{4-23}$$

令 $g_{\theta_t^{Y,S}} = \dot{\theta}_t^{Y,S} / \theta_t^{Y,S}$, $g_{r_t^S} = \dot{r}_t^S / r_t^S$,且国有企业生产函数符合 C-D 形式,则式(4-23)可整理得:

$$k_t^S = \frac{\beta^S}{\alpha^S} \cdot \frac{1}{r_t^S} \cdot \frac{1}{\rho^S - g_{r_t^S} - g_{\theta_t^{Y,S}}} \cdot \omega_t^S \tag{4-24}$$

比较式(4-14),式(4-24)后,发现:

(1) 与私营企业相似,影响国有企业实物资本存量积累的因素包含资本产出弹性 β^S ,劳动力产出弹性 α^S ,融资成本 r_t^S 及其(预期)增速 $g_{r_t^S}$,企业时间偏好 ρ^S ,劳均工资率 ω_t^S 等,这些因素对国有企业人均资本存量的影响可参见前文对私营企业投资决策的分析,在此不再赘述。

(2) 由于国有企业兼顾盈利和产出双重目标,盈利目标权重随国家经济政策变化而作的调整 $g_{\theta_t^{Y,S}}$,因此政策因素会影响企业投资决策;若国有企业在当期 t 更注重产出目标,则 $g_{\theta_t^{Y,S}} > 0$,企业会通过扩大当期投资提高人均资本存量,即人均资本会高于利润最大化单一目标时的水平;反之,则企业当期投资规模会相对缩小;考虑政策性因素对国有企业的影响,可以解释国有企业实物资本快速积累、“过度投资”的原因。

4.1.3 比较静态分析

通过比较私营与国有企业投资决策模型解式(4-14)及式(4-24),并根据模型的外生变量对私营和国有企业的人均资本存量作静态比较分析,可得表 4-1 中所列结果。

表 4-1 比较静态分析结果

外生变量 / 内生变量	β^P	α^P	r_t^P	$g_{r_t^P}$	ρ^P	ω_t^P	
k_t^P	+	−	−	+	−	+	
k_t^S	+	−	−	+	−	+	+

注:表中“−”表示内生变量与外生变量负相关;“+”表示二者正相关。

如表 4-1 中各列所示，私营与国有企业实物资本积累均受到要素产出弹性 β 及 α 、融资单位成本 r_t 及其预期增速 g_{r_t} ，时间偏好 ρ ，平均工资水平 ω_t 等因素的影响，并且这些因素对两类企业资本存量的作用方向相同；由于两类企业的财产所有制不同，其经营目标和投资决策也不尽相同；若国有企业承担政策性任务，追求产出目标（保证供应）或保障就业目标，则其人均资本存量会高于追求利润最大化单一目标企业（如私营企业）的人均资本存量。

4.2 计量模型构建

由企业决策模型推得的式(4-14)与式(4-24)分别描述了私营和国有企业的人均资本存量。为了验证模型的有效性，本节在企业投资数理模型的基础上构建相应计量模型，并选取相关统计数据进行回归分析，量化模型外生变量对企业投资决策的影响方向与程度。

4.2.1 私营企业

对式(4-14)进行泰勒级数一阶近似，并设：要素产出弹性与投资者时间偏好皆为常数(Feng，2015)，即 $\Delta\alpha^P, \Delta\beta^P, \Delta\rho^P \approx 0$ ；当期人均资本存量的增量约等于人均投资额①，即 $\Delta k_t^P \approx i_t^P$ ；经济环境基本稳定时，单位融资成本短期内未出现大的波动，单位融资成本增长率的变化可忽略不计，即 $\Delta g_{r_t^P} \approx 0$ 。从式(4-14)可推得经过一阶差分处理的回归模型如下：

$$i_t^P = a_0 + a_1 \cdot \Delta r_t^P + a_2 \cdot \Delta\omega_t^P + u_t^P \tag{4-25}$$

式中，被解释变量 i_t^P 为私营企业人均投资额，受单位融资成本增量 Δr_t^P 和人均工资②变化 $\Delta\omega_t^P$ 等外生变量影响；其他影响因素体现在残差项 u_t^P 中，符合随机正态分布。

在 4.4 节中，将通过对式(4-15)作线性回归分析，验证如下数理模型结果(表 4-1)：

(1) 企业根据融资成本变化相应调整其投资决策。当预计单位融资成本上升

① 人均资本存量增量与人均投资额的关系为：$\Delta k_t^P = t_t^P - [1-(L_{T-1}^P/L_t^P)\cdot(1-\delta^P)]\cdot k_{t-1}^P$ 。
② 本书中“人均工资”均为“劳均工资”，即工资总额除以就业人数。

时,即 $\Delta r_t^P > 0$,追求利润最大化的私营企业会减少当期投资额,反之则会增加当期投资额,即$a_1 < 0$。

(2) 企业根据工资成本变化相应调整其投资决策。当预计人均工资成本上升时,即 $\Delta\omega_t^P > 0$,企业会因为更倾向与用资本密集型生产方式替代劳动密集型生产方式,相应地,人均投资额上升,反之则人均投资额下降,即 $a_2 > 0$。

4.2.2 国有企业

类似于私营企业投资行为模型的处理方式,对式(4-24)进行泰勒级数展开,并假设:$\Delta\alpha^S$, $\Delta\beta^S$, $\Delta\rho^S \approx 0$,$\Delta k_t^S \approx i_t^S$ 及 $\Delta g_{r_t^S} \approx 0$ 。因此,国有企业投资行为的回归模型为

$$i_t^S = a_0 + a_1 \cdot \Delta r_t^S + a_2 \cdot \Delta\omega_t^S + a_3 \cdot \Delta g_{\theta_t^{Y,S}} + u_t^S \tag{4-26}$$

式中,与企业经营目标取向有关的解释变量 $\Delta g_{\theta_t^{Y,S}}$ 在统计数据里不能被直接观察到,应此需要找到 $\Delta g_{\theta_t^{Y,S}}$ 的代理变量。考虑国有企业的政策性功能以及国有企业管理者的行为特点,如扩大企业规模、增加就业人数等(见 4.1.1 节),同时也考虑政府的稳定就业政策具有全局性影响,在后继计量分析中选取部门就业总量的变化 ΔL_t 作为 $\Delta g_{\theta_t^{Y,S}}$ 的代理变量。相应的回归模型为

$$i_t^S = a_0 + a_1 \cdot \Delta r_t^S + a_2 \cdot \Delta\omega_t^S + a_3 \cdot \Delta L_t + u_t^S \tag{4-27}$$

式中,国有企业人均投资额 i_t^S 为被解释变量,由单位融资成本变化 Δr_t^S 、人均工资变化 $\Delta\omega_t^S$ 以及反映企业经营目标取向的代理变量 ΔL_t 共同决定;残差项 u_t^S 包含其他影响因素,符合随机正态分布。

在 4.4 节中,将通过对式(4-27)作线性回归分析,验证如下数理模型结果(表 4-1):

(1) 预计单位融资成本上升($\Delta r_t^S > 0$)与企业投资决策负相关,即 $a_1 < 0$;

(2) 预计人均工资成本上升($\Delta\omega_t^S > 0$)与企业投资决策正相关,即 $a_2 > 0$;

(3) ΔL_t 反映国有企业的政策性功能,与企业投资决策正相关,即 $a_3 > 0$。

4.3 数据描述

为了验证数理模型的有效性,需要收集并整理相关数据。部分数据可直接取

自官方统计年鉴，如历年《中国统计年鉴》《中国工业经济统计年鉴》《中国金融统计年鉴》等；部分数据需要依据现有数据近似测算。

《中国统计年鉴》分别提供规模以上“国有及国有控股工业企业”“私营工业企业”“外商投资及港澳台商投资工业企业”相关数据①。根据研究工作的实际需要，本书选取“国有及国有控股工业企业”和“私营工业企业”经济活动的数据（名义量），为了方便起见，下文分别简称为“国有企业”和“私营企业”。

本书经验研究选用时间序列取样数据的年份为1998—2011年，这是由于：①《中国统计年鉴》与《中国工业经济统计年鉴》中“规模以上工业企业”经济活动数据始自1998年；②《中国劳动统计年鉴》中就业人员数的数据仅统计至2011年。

4.3.1 人均投资额

各类型企业人均投资额 i_t^χ 的计算式为

$$i_t^\chi = \frac{I_t^\chi}{L_t^\chi} \approx \frac{OVFA_t^\chi - OVFA_{t-1}^\chi}{L_t^\chi} \tag{4-28}$$

式中，L_t^χ 表示当期就业人员数。企业总投资额 I_t^χ 不可直接获得，本书用固定资产原值的年增量予以近似，即 $I_t^\chi \approx \Delta OVFA_t^\chi = OVFA_t^\chi - OVFA_{t-1}^\chi$ 。企业就业人员 L_t^χ 数据来自《中国统计年鉴》中私营与国有企业全部就业人员年平均人数。据此测得的 i_t^χ 见表4-2。

可以看出：①1999—2011年，国有及私营企业人均投资额逐年上涨；②二者上涨的速度不同，i_t^S 的年均增速比 i_t^P 高出12.52个百分点；③通过分析这两类企业人均增速 $g_{i_t^\chi} = (i_t^\chi - i_{t-1}^\chi)/i_{t-1}^\chi$（图4-1）。可见，二者的波动方向基本相同，然而2007年以来国有企业波动幅度明显降低，这或与中国政府同期推出的一系列旨在应对国际金融危机、维持本国经济稳定的财政政策有关，对国有企业的效果比私营企业更为显著。外生政策变化对计量回归结果的影响也将纳入本文的经验分析中（见4.4节）。

---

① 可见《中国统计年鉴》(2014)第396页，“工业-简要说明”中的内容。

表 4-2　企业固定资产原值与投资额

年份＼指标	$OVFA_t^P$ / 当年价，亿元	$OVFA_t^S$ / 当年价，亿元	I_t^P / 当年价，亿元	I_t^S / 当年价，亿元	L_t^P / 万人	L_t^S / 万人	i_t^P /（万元/人）	i_t^S /（万元/人）
	(1)	(2)	(3)	(4)	(5)	(6)	(7)	(8)
1998	681.14	47 913.25	—	—	160.80	3 747.78	—	—
1999	1 034.21	53 146.30	354.51	5 233.05	229.06	3 394.58	1.54	1.54
2000	1 651.37	57 294.96	613.12	4 148.66	346.42	2 995.25	1.78	1.39
2001	2 741.06	61 782.45	1 078.21	4 487.49	541.52	2 675.11	2.01	1.68
2002	3 959.95	64 521.95	1 203.64	2 739.50	732.90	2 423.63	1.66	1.13
2003	6 228.85	69 701.11	2 192.23	5 179.16	1 027.61	2 162.87	2.21	2.39
2004	9 992.56	76 599.42	3 442.65	6 898.31	1 515.43	1 973.20	2.48	3.50
2005	12 983.32	83 515.49	2 693.19	6 916.07	1 692.06	1 874.85	1.77	3.69
2006	17 316.09	96 085.32	3 843.77	12 569.83	1 971.01	1 804.00	2.20	6.97
2007	22 383.18	110 084.72	4 325.99	13 999.40	2 252.91	1 742.99	2.25	8.03
2008	34 437.22	129 146.64	9 445.04	19 061.92	2 871.89	1 794.10	4.20	10.62
2009	42 366.46	145 330.28	6 364.68	16 183.64	2 973.84	1 803.37	2.67	8.97
2010	56 459.89	165 601.04	10 921.58	20 270.76	3 312.06	1 836.34	4.26	11.04
2011	65 621.77	185 896.57	6 660.42	20 295.53	2 956.41	1 811.98	3.10	11.20

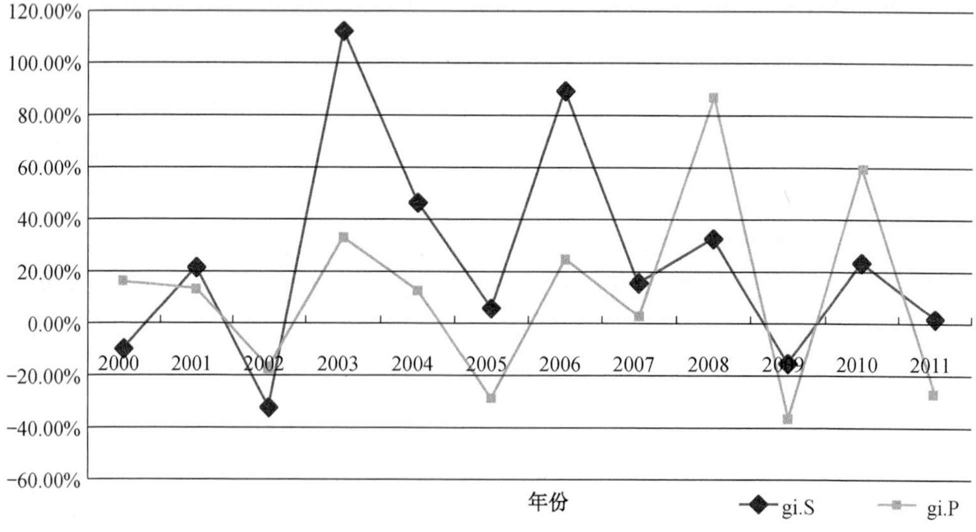

图 4-1　私营与国有企业人均投资增速

4.3.2 融资成本

本书对私营和国有企业的融资成本代理变量作了不同的选择(表 4-3),私营企业为利息费用占投资额的比率,国有企业为商业银行法定贷款利率(1～3 年期)。理由是:①由于存在与所有制有关的"价格歧视",商业银行在向私营企业的贷款时,会在法定贷款利率的基础上向上浮动一定比例,以弥补私营企业较高的坏账风险;②当私营企业无法从商业银行获得贷款时,有可能依赖于非银行金融机构等其他融资渠道,因此,法定贷款利率无法如实地反映私营企业的融资成本;③国有企业获得商业银行贷款较为容易,其融资成本更接近于法定贷款利率,且其平均资金成本低于私营企业。

表 4-3 企业融资成本相关数据

贷款基准利率				单位	r_t^S	Δr_t^S	IE_t^P 亿元	r_t^P	Δr_t^P
调整日期	(1)	调整日期	(2)	年份	(3)	(4)	(5)	(6)	(7)
1997/10/23	9.36			1998	8.11	−1.85%	—	—	—
1998/03/25	9.00	2007/12/21	7.56	1999	6.26%	−0.32%	—	—	—
1998/07/01	7.11	2008/09/16	7.29	2000	5.94%	0.00	—	—	—
1998/12/07	6.66	2008/10/09	7.02	2001	5.94%	−0.39%	87.05%	7.99%	—
1999/06/10	5.94	2008/10/30	6.75	2002	5.55%	−0.06%	114.21%	9.37%	1.38%
2002/02/21	5.49	2008/11/27	5.67	2003	5.49%	0.05%	182.32%	8.04%	−1.33%
2004/10/29	5.76	2008/12/23	5.40	2004	5.54%	0.22%	301.05%	8.00%	−0.04%
2006/04/28	6.03	2010/10/20	5.60	2005	5.76%	0.28%	390.55%	13.06%	5.06%
2006/08/19	6.30	2010/12/26	5.85	2006	6.04%	0.85%	520.69%	12.02%	−1.04%
2007/03/18	6.57	2011/02/09	6.10	2007	6.89%	0.38%	746.56%	14.73%	2.72%
2007/05/19	6.75	2011/04/06	6.40	2008	7.27%	−1.87%	1 119.68%	9.29%	−5.44%
2007/07/21	7.02	2011/07/07	6.65	2009	5.40%	0.04%	1 178.03%	14.86%	5.57%
2007/08/22	7.20	—	—	2010	5.44%	0.97%	1 535.30%	10.89%	−3.96%
2007/09/15	7.47	—	—	2011	6.41%	−1.85%	2 026.78%	22.12%	11.23%

数据来源:《中国金融统计年鉴》《中国统计年鉴》《中国工业经济统计年鉴》及本书作者测算。
注:统计年鉴中,规模以上工业企业的利息费用数据起始年份为 2001 年。

央行公布的1～3年期贷款基准利率作为反映国有企业融资成本的代理变量①(表4-3)。若一年内出现多次利率调整,则需将央行贷款利率按调整日期(持续时间)加权处理,测得年化贷款基准利率及其变化(表4-3)。

$$r_t^P = \frac{IE_t^P}{I_t^P} \tag{4-29}$$

利息支出是企业在生产经营中发生的费用,反映了企业进行债务融资所负担的成本;前文中假设企业投资资金全部来源于外部债务融资,因此,可选择私营企业利息支出 IE_t^P 占当期投资额 I_t^P 的比重 r_t^P 作为其融资成本的代理变量[式(4-29)],相关数据见表4-3。

4.3.3 人均工资

采用城镇单位就业人员平均工资近似作为 ω_t 的代理变量②,计算方法如下:

(1) 在《中国劳动统计年鉴》历年"按登记注册类型和行业分城镇单位就业人员平均工资"和"按登记注册类型和行业分城镇单位就业人员数"表中,选取"国有单位"的平均工资 ω_t^S 和就业人数 L_t^S;选取"其他单位"的工资 ω_t^P 和就业人数 L_t^P③;涉及行业为工业部门内的采矿业、制造业及电力、燃气及水的生产和供应业(参照中国国家统计局的行业分类标准GB/T 4754—2011),其加权测算式为

$$L_t^{\chi} = L_t^{\chi,矿} + L_t^{\chi,制} + L_t^{\chi,电} \tag{4-30}$$

$$\omega_t^{\chi} = \frac{\omega_t^{\chi,矿} \cdot L_t^{\chi,矿} + \omega_t^{\chi,制} \cdot L_t^{\chi,制} + \omega_t^{\chi,电} \cdot L_t^{\chi,电}}{L_t^{\chi}} \tag{4-31}$$

(2) 根据 ω_t^{χ}, L_t^{χ} 估计 ω_t 和 L_t (相关数据见表4-4):

$$L_t = \sum^{\chi} L_t^{\chi} \tag{4-32}$$

---

① 根据本书计算,1年以内、1～3年期、3～5年期、5年以上等期限的法定贷款利率变化趋势大致相同,因此仅选择1～3年期贷款利率反映企业资金成本。

② 规模以上私营与国有工业企业人均工资数据不可得。

③ 《中国劳动统计年鉴》根据登记注册类型将经济单位划分为三类:国有单位、城镇集体单位与其他单位。本书将"其他单位"近似为私营企业展开研究。

$$\omega_t = \frac{\sum^{\chi}\omega_t^{\chi} \cdot L_t^{\chi}}{L_t} \tag{4-33}$$

在此基础上，提取 ΔL_t 作为反映企业经营目标取向代理变量(表 4-4)。

表 4-4　私营与国有工业企业人均工资

年份＼指标	ω_t^P	$\Delta\omega_t^P$	ω_t^S	$\Delta\omega_t^S$	ω_t	$\Delta\omega_t$	L_t	ΔL_t
	当年价，万元/人						万人	
	(1)	(2)	(3)	(4)	(5)	(6)	(7)	(8)
1998	0.88	—	0.76	—	0.80	—	3 908.58	—
1999	0.96	0.07	0.81	0.06	0.86	0.07	3 623.64	−284.94
2000	1.06	0.10	0.91	0.10	0.97	0.11	3 341.67	−281.97
2001	1.16	0.10	1.03	0.12	1.09	0.12	3 216.63	−125.04
2002	1.25	0.10	1.16	0.13	1.21	0.12	3 156.53	−60.10
2003	1.37	0.12	1.39	0.23	1.38	0.17	3 190.48	33.95
2004	1.52	0.15	1.62	0.24	1.56	0.18	3 488.63	298.15
2005	1.67	0.15	1.93	0.30	1.75	0.19	3 566.91	78.28
2006	1.90	0.22	2.29	0.36	2.00	0.25	3 775.01	208.10
2007	2.19	0.30	2.71	0.42	2.31	0.32	3 995.90	220.89
2008	2.60	0.41	3.21	0.50	2.74	0.43	4 665.99	670.09
2009	2.79	0.18	3.59	0.38	2.96	0.21	4 777.21	111.22
2010	3.20	0.41	4.15	0.55	3.38	0.43	5 148.40	371.19
2011	3.82	0.62	4.86	0.72	4.01	0.62	4 768.39	−380.01

4.4　回归分析

4.4.1　私营企业

将私营企业人均投资额 i_t^P 作为被解释变量，以利息支出与投资额之比的增量 Δr_t^P、人均工资的变化 $\Delta\omega_t^P$ 为解释变量，对式(4-25)作回归分析，结果见表 4-5。

表 4-5 回归:私营企业投资决策方程

被解释变量 (Independent Variable)	解释变量(Dependent variable)			
	i_t^P			
	(1)	(2)	(3)	(4)
Δr_t^P	−0.072 3 (0.060 1)		−0.107 4* (0.030 9)	−0.131 3** (0.022 1)
$\Delta\omega_t^P$		4.093 3** (0.982 2)	4.500 0** (0.902 1)	5.001 5*** (0.626 5)
Dum_t^P				1.057 4* (0.342 1)
常数项(Constant)	2.780 9*** (0.294 4)	1.545 7*** (0.283 9)	1.631 8*** (0.273 5)	1.426 2*** (0.195 1)
样本量(Observations)	10	13	10	10
R^2 值(R^2)	0.153 2	0.581 8	0.814 1	0.928 3
调整的 R^2 值(Adjusted R^2)	0.047 33	0.543 8	0.761	0.892 4
残差标准误(Residual Std. Error)	0.891 3	0.600 6	0.446 4	0.299 5
F 值(F-Statistic)	1.447	15.3	15.33	25.89
P 值(p-value)	0.263 4	0.002 427	0.002 77	0.000 784 4
Signif. codes	0'***'0.001'**'0.01'*'0.05'.'0.1' '1			

注:①本书回归分析中:"* * *"表示显著性水平在 100%至 99.9%之间;"* *"表示显著性水平在 99.9%至 99%之间;"*"表示显著性水平在 99%至 95%之间;"."表示显著性水平在 95%至 90%之间。
②小括号内数值为解释变量的标准误。

式(4-25)回归结果[见表 4-5 列(3)]显示:

(1) $\Delta\omega_t^P$ 对 i_t^P 有显著正影响,解释了同期 58.18%的投资变化。

(2) Δr_t^P 对 i_t^P 的作用在 95%水平上显著,该变量基本上反映了私营企业的融资成本。

(3) 各解释变量及常数项均显著,但是整体拟合优度仅为 81.41%。这可能是由于,2008 年中国政府开始实施的"四万亿"投资计划对 2009 年的投资行为产生了影响。因此,本文引入虚拟变量 Dum_t^P (2009 年设为 1,其余年份设为 0)以修正该冲击对回归结果的影响。相应地,回归式(4-25)可改写为

$$i_t^P = a_0 + a_1 \cdot \Delta r_t^P + a_2 \cdot \Delta\omega_t^P + a_3 \cdot Dum_t^P + u_t^P \qquad (4\text{-}34)$$

上式的回归结果见表 4-5 列(4)。不难发现,在整体拟合优度较好(R^2 = 92.83%, Adjusted R^2 = 89.24%)的同时,解释变量 Δr_t^P 与 $\Delta\omega_t^P$ 的系数均显著。因

此，私营工业企业投资方程可表示为

$$i_t^P = 1.4262 - 0.1313 \cdot \Delta r_t^P + 5.0015 \cdot \Delta\omega_t^P + 1.0574 \cdot Dum_t^P \tag{4-35}$$

根据私营企业投资方程[式(4-35)]中解释变量均值及其及系数可估算各个影响因素对私营企业人均投资额 i_t^P 的(相对)影响份额，结果见图 4-2。

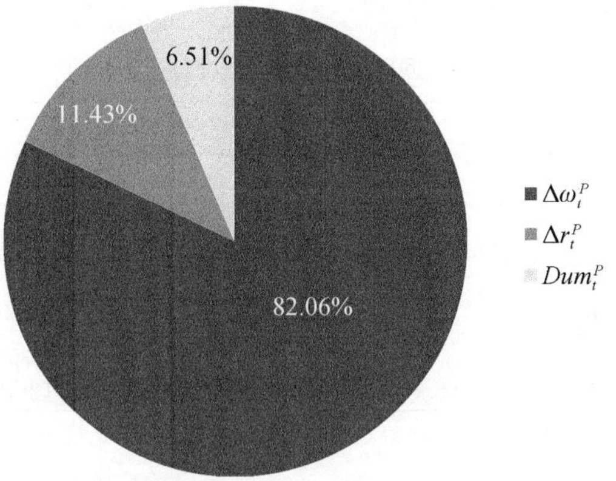

图 4-2 各因素对私营企业人均投资额的(相对)影响

同时，根据私营企业投资模型[式(4-35)]，可通过量化私营企业人均投资 i^P 对融资成本 Δr^P 及其他影响因素的弹性，反映投资对各影响因素变化的敏感程度。推算过程如下：①1998—2011 年私营企业人均投资额 i^P 均值为 2.678 7 万元；②假设私营企业融资条件变得更具约束性，资金成本上升 1%，由 1.413 3%增长为1.414 8%；③除此之外其他条件不变(ceteris paribus，以下缩写为 c. p.)；④根据私营企业投资方程，算得融资条件改变后的人均投资额及其增速，进而推得 i^P 对 Δr^P 的弹性系数为−0.069 2。类似的方法可计算出投资对工资成本变化、外部冲击因素的弹性系数分别为 0.497 4，0.039 5(表 4-6)。

表 4-6 私营企业人均投资对外生变量的弹性系数

i^P	外生变量	Δr^P	$\Delta\omega^P$	Dum^P
	弹性系数	−0.006 9	0.497 4	0.039 5

综上所述，私营企业投资行为主要受到以下因素的影响：①人均工资水平的变化 $\Delta\omega_t^P$ 对私营企业当期投资 i_t^P 的影响份额为 82.06%，弹性系数为 0.497 4，是决定企业资本分配的最主要因素；②融资成本的变化 Δr_t^P 有较显著负影响，人均投资

额对融资成本变化的弹性系数为−0.069 2;③近年来，i_t^P 持续上升的过程中，$\Delta\omega_t^P$ 的增加起主导作用。

4.4.2 国有企业

以国有工业企业人均投资额 i_t^S 为被解释变量，1～3 年期法定贷款利率的增量 Δr_t^S、人均工资的变化 $\Delta\omega_t^S$、国有企业经营目标取向的变化 ΔL_t 为解释变量，对式(4-27)作回归分析，结果见表 4-7 列(5)。

表 4-7 回归:国有企业投资决策方程

被解释变量(Independent variable)	解释变量(Dependent variable)				
	i_t^S				
	(1)	(2)	(3)	(4)	(5)
Δr_t^S	0.822 5 (1.686 4)			−1.123 2 (0.598 4)	−1.087 0* (0.359 2)
$\Delta\omega_t^S$		20.355 9*** (2.854 3)		22.356 9*** (2.707 3)	22.531 7*** (1.625 1)
ΔL_t			0.002 9 (0.004 7)		0.003 4* (0.000 9)
常数项(Constant)	6.715 7*** (1.260 5)	−1.041 5 (1.190 2)	6.297 8** 1.446 7	−1.754 5 (1.105 1)	−2.355 4* (0.683 0)
样本量(Observations)	10	10	10	10	10
R^2 值(R^2)	0.028 87	0.864 1	0.046 2	0.909 6	0.972 1
调整的 R^2 值(Adjusted R^2)	−0.092 52	0.847 1	−0.073 02	0.883 8	0.958 2
残差标准误(Residual Std. Error)	3.978	1.488	3.942	1.298	0.778 6
F 值(F-Statistic)	0.237 9	50.86	0.387 5	35.21	69.69
P 值(p-value)	0.638 8	9.885e-05	0.550 9	0.000 2	4.7e−05
Signif. codes	0 ‘***’ 0.001‘**’ 0.01‘*’0.05‘.’ 0.1‘ ’ 1				

回归结果显示，在整体拟合优度较好的同时，常数项与解释变量 Δr_t^S，$\Delta\omega_t^S$，ΔL_t 的系数均显著。因此，国有工业企业投资方程可表示为

$$i_t^S = -2.355\ 4 - 1.087\ 0 \cdot \Delta r_t^S + 22.531\ 7 \cdot \Delta\omega_t^S + 0.003\ 4 \cdot \Delta L_t \tag{4-36}$$

根据国有企业投资方程[式(4-36)]可估算各个影响因素对私营企业人均投资额 i_t^P 的(相对)影响程度,计算结果见图 4-3。

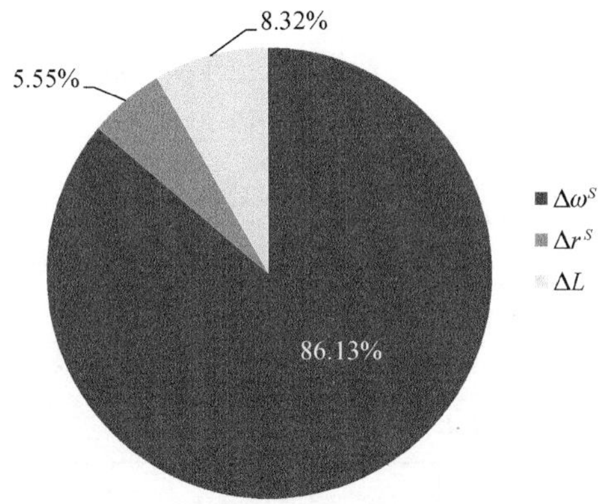

图 4-3 各因素对国有企业人均投资额的(相对)影响

同时,根据国有企业投资模型[式(4-36)],可估算国有企业人均投资对融资成本及其他影响因素的弹性系数,计算结果见表 4-8。

表 4-8 国有企业人均投资对外生变量的弹性系数

	外生变量	Δr^S	$\Delta\omega^S$	ΔL
i^S	弹性系数	−0.007 6	1.277 6	0.078 8

表 4-7 及图 4-3 的分析结果表明:

(1) 国有工业企业人均工资水平变化 $\Delta\omega_t^S$、国有企业经营目标取向的变化 ΔL_t 对其当期投资 i_t^S 有正影响;融资成本的变化 Δr_t^S 对 i_t^S 有负影响。

(2) i_t^S 对 $\Delta\omega_t^S$ 的弹性系数为 1.277 6,并且各影响因素中,$\Delta\omega_t^S$ 对 i_t^S 影响份额占比 93.66%,与私营企业类似,国有企业人均工资水平变化 $\Delta\omega_t^S$ 是影响其人均投资 i_t^S 最主要的因素。

(3) Δr_t^S 系数在 95%的水平上显著(t 值略低),并且 Δr_t^S 对 i_t^S 的相对影响程度为 5.55%,并且 i_t^S 对 Δr_t^S 的弹性系数仅为−0.007 6,低于私营企业(−0.069 2)。分析其原因可能有两方面:一方面,央行公布的法定贷款利率往往有滞后性,对当期决策已没有明显影响;另一方面,较之私营企业,国有企业投资对利率变动不敏感①。

① 该结论与周小川(2011)、徐明东和田素华(2012)等学者的研究结论相一致。

(4) ΔL_t 的系数为正，且在95%水平上显著，这支持了本书数理模型的假设“国家宏观经济政策(保障就业)会影响国有工业企业投资”；为了保障经济平稳运行，国有企业会扩大投资规模，以创造更多就业岗位；并且，i_t^S 对 ΔL_t 的弹性系数为0.078 8，大于其资金成本变动的弹性，这说明，与资金成本相比，国有企业进行投资决策时更关注政策性因素。

4.4.3 回归结果比较与说明

前文以工业企业投资数理模型[式(4-14)，式(4-24)]为基础，建立相应的计量模型[式(4-25)，式(4-27)]，其中，投资影响因素的对应关系可总结为表4-9。

表4-9 企业投资的影响因素

	数理模型	计量模型	影响份额	弹性
	(1)	(2)	(3)	(4)
私营企业	资本产出弹性 β^P	—	—	—
	劳动力产出弹性 α^P	—		—
	融资成本 r_t^P	融资成本的变化 Δr_t^P	11.43%	−0.069 2
	融资成本增速 $g_{r_t^P}$	—	—	—
	时间偏好 ρ^P	—	—	—
	劳均工资 ω_t^P	劳均工资的变化 $\Delta\omega_t^P$	82.06%	0.497 4
	—	宏观外部冲击 Dum_t^P	6.51%	0.039 5
国有企业	资本产出弹性 β^S	—	—	—
	劳动力产出弹性 α^S	—	—	—
	融资成本 r_t^S	融资成本的变化 Δr_t^S	5.55%	−0.007 6
	融资成本增速 $g_{r_t^S}$	—	—	—
	时间偏好 ρ^S	—	—	—
	劳均工资 ω_t^S	劳均工资的变化 $\Delta\omega_t^S$	86.13%	1.277 6
	政策性因素 $g_{\theta_t}^{Y,S}$	部门就业总量的变化 ΔL_t	8.32%	0.078 8

结合表4-9，比较分析私营与国有工业企业投资方程式(4-35)和式(4-36)可知：

(1) 人均工资 $\Delta\omega_t$ 和融资成本 Δr_t 变化都是影响人均投资 i_t 的最关键因素，$\Delta\omega_t$ 对 i_t 有显著正影响，Δr_t 对 i_t 有显著负影响。

(2) 表4-9列(3)显示，私营与国有企业的工资所占份额高于其他因素，是影响企业人均投资的最重要因素；就资金成本的影响程度来看，私营企业资金成本的影响份额为 11.43%,高于国有企业(11.43%>5.55%),这说明资金成本对私营企业的资本配置更为重要。

(3) 通过比较各外生变量的弹性[表 4-9 列(4)]发现:①私营企业人均投资对其资金成本的弹性系数为−0.069 2,是国有企业的 8.625 0 倍,这说明私营企业人均投资对资金成本变动更加敏感,究其原因,是因为私营企业投资决策目标为利润最大化,更关注投入要素成本;而国有企业兼具“企业性”和“公共性”特点,除了要素成本,其产出(就业)规模等政策因素也会影响国有企业的投资决策,从而分散了企业对资金成本的关注程度;同时,该结果印证了前文对不同所有制企业投资目标的假定。②国有企业投资对工资的弹性系数高于私营企业(1.277 6>0.497 4),这是由于国有企业对其资金成本不敏感,导致企业对劳动力成本变化的敏感度(相对)更高。

(4) 与私营企业不同的是,国有企业的投资决策还需兼顾政策性目标,在计量模型中,以部门就业总量的变化 ΔL_t 作为国有企业关注产出目标(保障就业)的代理变量,回归结果显示,由于国有企业承担了保障就业的功能,其投资行为更具扩张性。

第 5 章

融资约束差异对企业投资规模的影响

5.1 数理模型构建与分析

根据金融机构信贷决策模型(第 3 章)和企业投资决策模型(第 4 章),本章构建包含私营和国有两类企业的部门投资行为模型,分析融资约束条件下工业部门的总体投资规模以及投资效果。

式(4-14)以及式(4-24)分别给出了代表性私营企业和代表性国有企业的人均资本配置条件。两式相除得

$$\frac{k_t^P}{k_t^S}=\frac{\beta^P}{\alpha^P}\cdot\frac{\alpha^S}{\beta^S}\cdot\frac{r_t^S}{r_t^P}\cdot\frac{\rho^S-g_{r_t^S}-g_{\theta_t^{Y,S}}}{\rho^P-g_{r_t^P}}\cdot\frac{\omega_t^P}{\omega_t^S} \tag{5-1}$$

式(5-1)说明,工业部门内私营经济部分和国有经济部分的人均资本配置(k_t^P 以及 k_t^S)因融资约束不同而产生差异,体现在

$$k_t^P=\frac{\beta^P}{\alpha^P}\cdot\frac{\alpha^S}{\beta^S}\cdot\frac{r_t^S}{r_t^P}\cdot\frac{\rho^S-g_{r_t^S}-g_{\theta_t^{Y,S}}}{\rho^P-g_{r_t^P}}\cdot\frac{\omega_t^P}{\omega_t^S}\cdot k_t^S \tag{5-2}$$

由于工业部门由私营和国有两类企业构成,故部门实物资本存量总计为 $K_t=K_t^S+K_t^P$,而部门人均实物资本存量 k_t 可表示为

$$k_t=\frac{K_t^S+K_t^P}{L_t}=\frac{K_t^S}{L_t}+\frac{K_t^P}{L_t} \tag{5-3}$$

对等式(5-3)右边的第一项、第二项分别同时乘除 L_t^S, L_t^P 后有

$$k_t=\frac{K_t^S}{L_t^S}\cdot\frac{L_t^S}{L_t}+\frac{K_t^P}{L_t^P}\cdot\frac{L_t^P}{L_t} \tag{5-4}$$

根据 $k_t = K_t/L_t$,式(5-4)可整理为

$$k_t = k_t^S \cdot \frac{L_t^S}{L_t} + k_t^P \cdot \frac{L_t^P}{L_t} \tag{5-5}$$

将式(5-2)代入式(5-5)后得到工业部门人均资本存量:

$$k_t = \left[\frac{\beta^P}{\alpha^P} \cdot \frac{\alpha^S}{\beta^S} \cdot \frac{r_t^S}{r_t^P} \cdot \frac{\rho^S - g_{r_t^S} - g_{\theta_t^{Y,S}}}{\rho^P - g_{r_t^P}} \cdot \frac{\omega_t^P}{\omega_t^S} \cdot \frac{L_t^P}{L_t} + \frac{L_t^S}{L_t}\right] \cdot k_t^S \tag{5-6}$$

式(5-6)中,r_t 对金融部门作为资金供应方和工业部门作为资金需求方具有不同的含义:对于企业,r_t 是进行外部融资的单位资金成本;对于金融机构,r_t 为提供贷款所获得的单位资金回报。考虑私营与国有企业间融资约束差异 Dr_t^{PS} ,将式(3-16)代入式(5-6),得

$$k_t = \left[\frac{\beta^P}{\alpha^P} \cdot \frac{\alpha^S}{\beta^S} \cdot \frac{1}{Dr_t^{PS}} \cdot \frac{\rho^S - g_{r_t^S} - g_{\theta_t^{Y,S}}}{\rho^P - g_{r_t^P}} \cdot \frac{\omega_t^P}{\omega_t^S} \cdot \frac{L_t^P}{L_t} + \frac{L_t^S}{L_t}\right] \cdot k_t^S \tag{5-7}$$

根据式(5-7),对影响工业部门实物资本存量的因素做以下概括:

(1) 部门人均资本存量 k_t 与资本产出弹性 β 、劳动力产出弹性 α 、企业经营者的时间偏好 ρ 、工资率 ω_t 、就业水平 L_t 等有关(见 4.1.3 节中表 4-1)。

(2) 融资约束差异 Dr_t^{PS} 反映了私营与国有企业平均融资成本比,当 Dr_t^{PS} 变大,私营企业在利润最大化目标的驱动下将缩小投资规模,国有企业的投资规模则可能相对扩张,工业部门总体的人均资本存量 k_t 如何变化,有待定量测算(见后继 5.2.3 节中的回归分析)。

(3) 随着金融发展水平 FD_t 的提高,中国金融市场的分割以及价格歧视问题将有所缓解,私营企业融资环境的改善将有助于其释放投资潜力,国有企业的平均融资成本的上升将限制其投资规模,工业部门的整体投资规模如何变化,同样有待计量分析(见 5.2.3 节)。

5.2 计量模型构建与回归分析

5.2.1 模型构建

为了构建投资行为计量模型,首先对数理模型式(5-7)进行适当变换和归并。对 L_t^S/L_t 项分子分母同时乘以 ω_t^S ,令劳动力收入 $Y_t^{L,\chi} = \omega_t^\chi \cdot L_t^\chi$, $Y_t^L = \omega_t^S \cdot L_t$,并将企业劳动收入份额表示为 $perY_t^{L,\chi} = Y_t^{L,\chi}/Y_t^L$,则式可整理为

$$k_t = \left(\frac{\beta^P}{\alpha^P} \cdot \frac{\alpha^S}{\beta^S} \cdot \frac{1}{Dr_t^{PS}} \cdot \frac{\rho^S - g_{r_t^S} - g_{\theta_t^{Y,S}}}{\rho^P - g_{r_t^P}} \cdot perY_t^{L,P} + perY_t^{L,S}\right) \cdot k_t^S \tag{5-8}$$

对式(5-8)进行泰勒级数一阶近似,并参考第 4 章中的企业投资模型作如下设定:①资本与劳动力产出弹性与投资者时间偏好皆为常数,即 $\Delta\alpha$, $\Delta\beta$, $\Delta\rho \approx 0$;②工业部门当期人均资本增量约等于人均投资额,即 $\Delta k_t \approx i_t$;③利率变化没有持续加速或持续减速现象,即 $\Delta g_{r_t^\chi} \approx 0$。

基于以上设定,可推得工业部门投资行为(人均投资)的回归模型:

$$i_t = a_0 + a_1 \cdot \Delta Dr_t^{PS} + a_2 \cdot \Delta g_{\theta_t^{Y,S}} + a_3 \cdot \Delta perY_t^{L,P} + a_4 \cdot \Delta perY_t^{L,S} + a_5 \cdot i_t^S + u_t \tag{5-9}$$

在第 4 章中,按数据的可获得性对私营与国有企业的平均融资成本采用了不同的测算指标,两者(其比值反映融资约束差异 Dr_t^{PS})之间没有直接的可比性。因此,需要找到融资约束差异的代理变量,间接反映 Dr_t^{PS}。

从式(3-16)求偏导得

$$\frac{\partial Dr_t^{PS}}{\partial FD_t} = \frac{\partial Dr_t^{PS}}{\partial \theta_t^{B,S}} \cdot \frac{\partial \theta_t^{B,S}}{\partial FD_t} \tag{5-10}$$

式(5-10)表示,在其他条件都不变(c. p.)情况下金融发展水平 FD_t 对融资约束差异 Dr_t^{PS} 的影响。选取股份制银行与大型商业银行资产总额之比 $Asset_t^{G/D}$ 作为描述中国金融发展的代理变量,进而反映融资约束差异 Dr_t^{PS} 。理由如下:

(1) 现有的研究成果(表 2-1)为本书构建反映中国金融(体系)发展指标提供了可借鉴的思路,即从金融体系运行效率入手来选取相应指标。

(2) 指标 $Asset_t^{G/D}$ 可用于描述中国金融体系特征,具体体现在:①中国现有金融体系特征更倾向于银行主导型,银行业金融机构的规模在金融体系及其发展中举足轻重。②大型国有商业银行占据垄断地位,缺少竞争压力,其相对规模越大,意味着金融市场化水平越低;相反,非国有股份制商业银行的发展可以推进市场化进程,减少垄断带来的低效率,提高金融体系的效率。

(3) 在股份制银行资产负债表中,总资产项目反映其经营规模;总资产项目下列示贷款额,因此股份制银行的总资产规模也间接体现放贷情况及其市场份额。

综上所述,$Asset_t^{G/D}$ 指标既可以体现金融体系内银行的所有制结构,也不失为一个用于反映市场化程度和金融发展水平的代理变量。

此外,仍选用 ΔL_t (见第 4 章数据描述)作为国有企业产出(及就业)取向 $\Delta g_{\theta_t^{Y,S}}$ 的代理变量。

经过以上处理,式(5-9)改写为

$$i_t = a_0 + a_1 \cdot \Delta Asset_t^{G/D} + a_2 \cdot \Delta L_t + a_3 \cdot \Delta perY_t^{L,P} + a_4 \cdot \Delta perY_t^{L,S} + a_5 \cdot i_t^S + u_t \tag{5-11}$$

对式(5-11)作线性回归分析,以验证如下假定:

(1) 金融体制改革和金融水平提高(代理变量 $\Delta Asset_t^{G/D} > 0$)有助于提高工业部门的人均投资额,扩大部门整体投资规模,即 $a_1 > 0$;

(2) 国有企业的产出取向(代理变量 ΔL_t)对提高工业部门的人均投资有正影响,即 $a_2 > 0$。

以上两项中,检验假定(1)是否成立是回归分析的关键。此外,通过检验假定(2),可以了解中国工业部门国有企业扩张的投资效果以及工业部门就业增长和该部门资本密集度提高的相关性。

5.2.2 数据描述

为了保证与第 4 章经验分析部分数据基础的一致性,本章仍选取规模以上私营与国有工业企业为研究对象。

表 5-1 企业人均投资额及工资水平

指标 年份	I_t/亿元	i_t/(万元/人)	$perY_t^{L,P}$	$perY_t^{L,S}$	$\Delta perY_t^{L,P}$	$\Delta perY_t^{L,S}$
	(1)	(2)	(3)	(4)	(5)	(6)
1998	—	—	0.05%	0.96%	—	—
1999	5 586.12	1.54	0.07%	0.94%	0.03%	−0.02%
2000	4 765.82	1.43	0.12%	0.90%	0.05%	−0.04%
2001	5 577.18	1.73	0.19%	0.83%	0.07%	−0.06%
2002	3 958.39	1.25	0.25%	0.77%	0.06%	−0.06%
2003	7 448.06	2.33	0.32%	0.68%	0.07%	−0.09%
2004	10 662.02	3.06	0.41%	0.57%	0.09%	−0.11%
2005	9 906.83	2.78	0.41%	0.53%	0.01%	−0.04%
2006	16 902.60	4.48	0.43%	0.48%	0.02%	−0.05%
2007	19 066.49	4.77	0.46%	0.44%	0.02%	−0.04%
2008	31 115.96	6.67	0.50%	0.38%	0.04%	−0.05%
2009	24 112.88	5.05	0.48%	0.38%	−0.02%	−0.01%
2010	34 364.19	6.67	0.50%	0.36%	0.01%	−0.02%
2011	29 457.41	6.18	0.49%	0.38%	−0.01%	0.02%

对式(5-11)中各变量及相关数据的处理说明如下：

(1) 人均投资额 i_t 为工业部门投资总额除以就业人员数，其中部门投资总额 I_t 为私营与国有企业投资额之和，见表 5-1 列(1)，就业人数 L_t 见表 4-4 列(7)；计算得出的人均投资 i_t 见表 5-1 列(2)。

(2) 国有企业投资额 i_t^S 数据见表 4-2 列(8)，部门整体就业人数变化 ΔL_t 见表 4-4 列(8)。

(3) 根据工资率 ω_t^P，ω_t^S（表 4-4）以及就业人数 L_t^P 与 L_t^S（表 4-2）可分别计算出 $\Delta perY_t^{L,P}$，$\Delta perY_t^{L,S}$（表 5-1）。

(4) 根据 1998—2011 年股份制银行与大型商业银行资产总额(数据详见附录 B)可整理得二者总资产的比值 $Asset_t^{G/D}$ 及其增量 $\Delta Asset_t^{G/D}$（表 5-2）①。

表 5-2　股份制商业银行与大型国有商业银行资产比

年份＼指数	$Asset_t^{G/D}$	$\Delta Asset_t^{G/D}$
	(1)	(2)
1998	0.07	—
1999	0.08	0.01
2000	0.11	0.02
2001	0.14	0.03
2002	0.15	0.01
2003	0.19	0.04
2004	0.21	0.02
2005	0.21	0.00
2006	0.23	0.01
2007	0.27	0.04
2008	0.28	0.02
2009	0.30	0.01
2010	0.32	0.03
2011	0.36	0.03

① 如表 5-2 列(1)所示，1998—2011 年股份制商业银行与大型商业银行资产总额之比呈上升趋势，这反映了股份制银行规模逐年扩张、市场份额持续提高。但值得注意的是，该比值远小于 1，这说明相对于大型国有商业银行，股份制银行体量仍然有限。

5.2.3 回归分析

对式(5-11)中进行回归分析前,为了检验变量之间的共线性,将国有企业人均投资额 i_t^S 作为被解释变量,$\Delta perY_t^{L,P}$ 与 $\Delta perY_t^{L,S}$ 作为解释变量进行回归分析。分析结果见表5-3。

表5-3 回归:多重共线性分析

被解释变量(Independent variable)	解释变量(Dependent variable)	
	i_t^S	
	(1)	(2)
$\Delta perY_t^{L,P}$	3.928 9*** (0.485 3)	
$\Delta perY_t^{L,S}$		4.167 2** (1.000 2)
常数项(Constant)	2.077 1** (0.615 1)	2.847 8* (0.972 1)
样本量(Observations)	13	13
R^2 值(R^2)	0.856 3	0.612 1
调整的 R^2 值(Adjusted R^2)	0.843 2	0.576 8
残差标准误(Residual Std. Error)	1.589	0.612 1
F 值(F-Statistic)	65.53	17.36
P 值(p-value)	5.837e−06	0.001 5
Signif. codes	0‘***’ 0.001‘**’ 0.01‘*’ 0.05‘.’ 0.1‘ ’ 1	

考虑回归分析的重点在于验证金融发展对工业部门投资行为的影响,而工业部门中,国有企业占有相当大的比例,其目标取向和投资行为特点不可忽略,故而在后续研究中剔除外生变量 $\Delta perY_t^{L,P}$ 与 $\Delta perY_t^{L,S}$,保留国有企业人均投资 i_t^S。相应地,原工业部门投资行为回归模型式(5-11)可改写为

$$i_t = a_0 + a_1 \cdot \Delta Asset_t^{G/D} + a_2 \cdot \Delta L_t + a_3 \cdot i_t^S + u_t \tag{5-12}$$

根据式(5-12),并采用表5-1及表5-2中的相关数据进行回归分析,回归结果见表5-4。

表5-4列(1)~(4)中所列回归结果显示:

(1) 式(5-12)中各解释变量对工业部门人均投资额 i_t 的解释力度达99.45%。

(2) 国有企业人均投资额 i_t^S、国有企业产出目标取向 ΔL_t 对工业部门人均投资额

i_t 的影响均显著；金融发展指标 $\Delta Asset_t^{G/D}$ 对工业部门人均投资额 i_t 的影响不显著。

表 5-4　回归：工业部门投资方程

被解释变量(Independent variable)	解释变量(Dependent variable)				
	i_t				
	(1)	(2)	(3)	(4)	(5)
$\Delta Asset_t^{G/D}$	1.501 0* (0.501 2)			4.060 0 (4.242 2)	7.071 0* (2.526 0)
ΔL_t		0.003 8* (0.001 7)		0.000 8** (0.000 2)	8.681e-04*** (9.949e-05)
i_t^S			0.505 3*** (0.019 8)	0.474 3*** (0.014 7)	0.483 2*** (0.007 6)
$Dum_t^{2\,007}$					−0.454 9** (0.106 2)
$Dum_t^{2\,009}$					−0.325 7* (0.097 8)
常数项(Constant)	5.007 0*** (0.622 3)	3.433 9*** (0.505 2)	0.883 4*** (0.133 4)	0.910 7*** (0.117 5)	0.852 5*** (0.062 0)
样本量(Observations)	13	13	13	13	13
R^2 值(R^2)	0.449 2	0.309 8	0.983 5	0.994 5	0.999
调整的 R^2 值(Adjusted R^2)	0.399 1	0.247	0.982	0.992 7	0.998 2
残差标准误(Residual Std. Error)	1.585	1.774	0.274 4	0.175 1	0.085 79
F 值(F-Statistic)	8.969	4.937	655.6	542.2	1 362
P 值(p-value)	0.012 19	0.048 21	3.723e−11	1.755e−10	2.688e−10
Signif. codes	0‘***’ 0.001‘**’ 0.01‘*’ 0.05‘.’ 0.1‘ ’ 1				

该结果与上节中关于金融发展对工业部门人均投资额以及投资规模有促进作用的假设不相符。分析其原因，不外乎有以下几种可能：①中国金融发展对工业部门投资规模没有显著影响；②股份制银行与大型商业银行资产总额之比 $Asset_t^{G/D}$ 无法反映中国金融发展状况；③除了 $\Delta Asset_t^{G/D}$，ΔL_t，i_t^S 等解释变量外，还存在其他影响工业部门投资的因素。但是，为数众多的研究结果(见 2.1.2 节)显示，金融发展对投资以及经济增长有正向促进作用。因此，本书从原因③入手，通过观察中国经济运行的内部条件和外部环境，寻找其他可能的外生变量。

根据冯晓(2015)的研究结果，中国国民经济生产函数中的全要素生产率(TFP)以 2007 年为界呈两种完全不同走势：①2007 年以前，全要素生产率连续多年加速走高，其中工业化进程中的资本积累以及在投资中学(learning by investing)对 TFP 的正影响十分显著；②2007 年以后，中国全要素生产率的走势出现拐点，加速上升变为可以用规模效应来解释的缓慢匀速上行(图 5-1)。因此，有必要据此在回归式中增加一个虚拟变量 Dum_t^{2007}（设 2007 年为 1，其他年份为 0)。

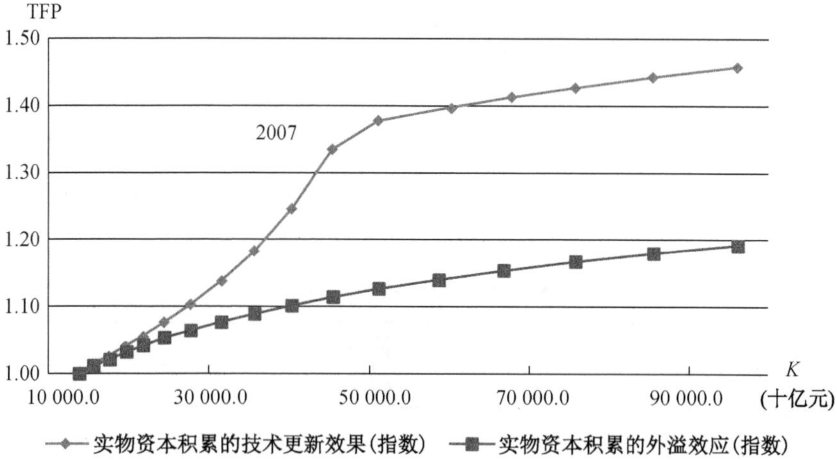

图 5-1 全要素生产率与实物资本积累(1997—2014)

此外，最近一次因美国次贷危机而诱发的全球性经济危机及其对中国经济的冲击不可忽视。2008 年下半年起，上述危机波及中国，对 2009 年的中国经济运行产生了不可忽视的负影响。考虑这一因素，需要在式(5-12)中引入第二个虚拟变量 Dum_t（设 2009 年为 1，其他年份为 0)。

增加虚拟变量后的回归模型如式(5-13)所示：

$$i_t = a_0 + a_1 \cdot \Delta Asset_t^{G/D} + a_2 \cdot \Delta L_t + a_3 \cdot i_t^S + a_4 \cdot Dum_t^{2007} + a_5 \cdot Dum_t^{2009} + u_t \tag{5-13}$$

其回归结果见表 5-4 列(5)。

经过上述调整，①回归模型中，整体拟合优度较好从 99.45%提高到 99.89%，校正的 R^2 值也有所提高，并且残差项的标准差明显降低；②F 值与 p 值均理想；③解释变量 ΔL_t（代理国有企业的产出目标取向），i_t^S（国有企业人均投资额）以及虚拟变量 Dum_t 均在 1%水平上显著，$\Delta Asset_t^{G/D}$（融资约束差异指标）在 5%的水平上显著。这说明本书所推导的数理模型及以此为基础估计的计量模型能够比较贴切地再现企业投资决策机制，解释中国工业部门的投资行为。

至此，可以求得工业部门投资行为的计量模型：

$$i_t = 0.8525 + 7.0710 \cdot \Delta Asset_t^{G/D} + 0.0008 \cdot \Delta L_t + 0.4832 \cdot i_t^S$$
$$= -0.4549 \cdot Dum_t^{2007} - 0.3257 \cdot Dum_t^{2009} \quad (5\text{-}14)$$

由工业部门投资模型(式)可知,融资约束差异、就业水平、外部环境冲击等因素都会影响部门投资行为。为了隔离诸多因素对投资的作用,本文采用残差法,重点分析金融发展(融资约束差异)指标对企业投资行为的影响。残差分析法步骤如下:①为了剔除人均投资额中部分因素的影响,基于工业部门投资模型(式),将人均投资 i_t 减去 $\Delta Asset_t^{G/D}$ 以外的其他变量及其系数乘积之和的结果定义为 $u.A$;②以 $u.A$ 作为被解释变量,融资约束差异的变化 $\Delta Asset_t^{G/D}$ 作为解释变量,进行线性回归分析。回归结果见表 5-5 列(1)。类似的方法也可用于检验其他影响因素对投资的影响,回归结果可见表 5-5 列(2)~(5)。

表 5-5 回归:残差分析法

被解释变量(Independent Variable)	解释变量(Dependent variable)				
	u.A	*u.L*	*u.i.S*	*u.D07*	*u.D09*
	(1)	(2)	(3)	(4)	(5)
$\Delta Asset_t^{G/D}$	7.0707*** (1.6070)				
ΔL_t		0.000 9*** (0.000 1)			
i_t^S			0.483 2*** (0.004 9)		
Dum_t^{2007}				−0.454 9*** (0.071 2)	
Dum_t^{2009}					−0.325 7*** (0.071 2)
常数项(Constant)	0.852 5*** (0.040 2)	0.852 5*** (0.019 5)	0.852 5*** (0.033 3)	0.852 5*** (0.019 8)	0.852 5*** (0.019 8)
样本量(Observations)	13	13	13	13	13
R^2 值(R^2)	0.637 7	0.939 1	0.998 9	0.787 6	0.655 3
调整的 R^2 值(Adjusted R^2)	0.604 7	0.933 6	0.998 8	0.768 3	0.623 9
残差标准误(Residual Std. Error)	0.018 2	0.018 2	0.018 2	0.018 2	0.018 2
F 值(F-Statistic)	19.359 1	169.769 9	9 636.917 7	40.786 2	20.907
P 值(p-value)	0.001 0	4.97e−08	1.53e−17	5.18e−05	0.000 8
Signif. codes	0'***' 0.001'**' 0.01 '*' 0.05'.' 0.1 ' ' 1				

表5-5显示,工业部门人均投资额的影响因素均可以较好地解释部门投资行为,回归结果的整体拟合优度较好。值得注意的是,融资约束差异指标 $\Delta Asset_t^{G/D}$ 在1%的水平上显著,并且该指标的系数非常接近原投资方程[式(5-14)]。可见,隔离诸多因素对投资的影响后,融资约束差异的变化仍可以较好地解释工业部门投资行为。

根据工业部门投资方程[式(5-14)]可量化各个因素对部门人均投资额 i_t 的(相对)影响份额,计算结果见图5-2。

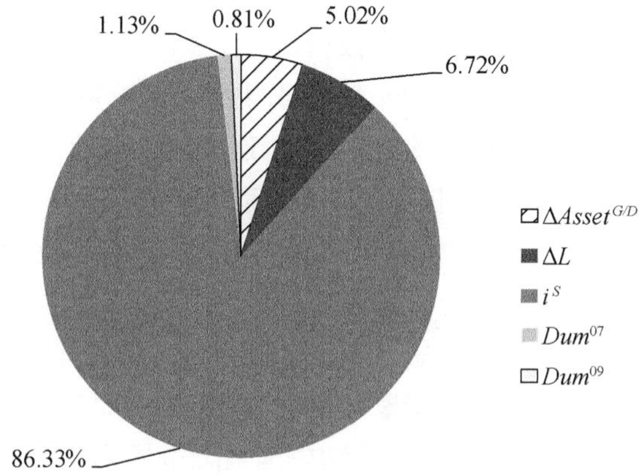

图5-2　各种因素对投资的(相对)影响成份
数据来源:本文作者测算

同时,基于工业部门的投资行为方程(式)及相关数据(表4-4,表5-1,表5-2),可量化分析工业部门人均投资 i 对融资约束差异 $\Delta Asset^{G/D}$ 的敏感程度,即投资对各影响因素的弹性系数(表5-6)。

表5-6　工业部门人均投资对主要外生变量的弹性系数

i	外生变量	i^S	ΔL	$\Delta Asset^{G/D}$
	弹性系数	0.727 2	0.015 6	0.042 3

表5-6数据显示,i 对 $\Delta Asset^{G/D}$ 的弹性系数为0.042 3,即 $\Delta Asset^{G/D}$ 增加1%时,i 会相应增加0.042 3%。具体而言,$\Delta Asset^{G/D}$ 增加1%,意味着 $\Delta Asset^{G/D}$ 均值由0.022 1增加到0.022 3,即股份制商业银行与大型国有商业银行资产总额之比的均值 $Asset^{G/D}$ 可由0.208 0增加到0.230 3,由此可推算:在大型国有商业银行资产总额保持不变的情况下,股份制商业银行资产总额均值可由50 425.804 6亿元增长到55 826.311 1亿元,增幅10.709 8%。也就是说,股份制银行规模相对扩

张，金融市场竞争水平提高，对工业部门人均投资额增长有积极作用。

从式(5-14)、图5-2及表5-6可以归纳出工业部门投资行为及规模的主要影响因素以及其作用机制：

(1) 金融发展水平 FD_t（融资约束差异 Dr_t^{PS}）、总体就业水平 ΔL 是影响工业部门的投资行为的重要因素，其中，①金融发展水平对（融资约束差异）对人均投资（以及投资规模）有显著正（负）影响，该结果一方面验证了前文假定，即金融发展水平与融资约束差异负相关，因此，股份制银行相对规模 $Asset_t^{G/D}$ 与融资约束差异亦负相关；另一方面说明，伴随着金融改革和市场化，融资约束差异亦得到缓解，私营企业会因为融资成本相应降低而扩大投资规模，国有企业可能因为融资成本相对上升而缩小投资规模；最终导致中国工业部门的人均投资额总体上呈上升趋势。②部门总体就业水平 ΔL 与人均投资正相关，这说明受政策因素影响，国有企业除了追求盈利目标外，也具有生产扩张倾向，后者对工业部门的总体人均投资额也有显著正向影响。

(2) 综合人均投资各因素所占份额及弹性系数两项数据发现，融资约束差异的变化对工业部门人均投资额的影响份额为5.02%，并且弹性系数为0.042 3，显示该指标对部门人均投资的影响份额较高，并且人均投资额对金融发展水平较为敏感；因此，有理由认为，应该进一步推动中国金融市场化改革。

(3) 2007年以来，中国全要素生产率由加速上升变为缓慢匀速上行，这一变化对工业部门的投资有显著负影响；显然，提高要素使用效率是中国工业部门的当务之急；同时，2009年的外部冲击对中国工业部门投资有显著负影响，在统计意义上，这一冲击使工业部门的人均投资额降低了0.39万元。

第 6 章

融资约束差异对企业投资效果及产出规模的影响

6.1 工业部门生产函数模型设定

为了研究融资约束差异对工业部门投资效果的影响，首先需要明确部门要素投入与产出之间的关系，常用方法是建立部门生产函数。对此，需要作以下设定：

(1) 工业部门包含国有(S)与私营(P)两类不同所有制企业。

(2) 工业部门投入的生产要素可概括为实物资本(K)和人力资本(H)。

(3) 要分析工业部门内私营与国有两类不同企业的投资效果，就要考虑私营与国有企业规模、所掌握技术水平和使用制造装备之间的差异，视其各自占有的实物资本非同质(heterogeneous)；对两类企业的人力资本则不作进一步区分。

(4) 工业部门的生产函数符合 Cobb-Douglas 技术特点。

基于以上设定，工业部门 t 周期的生产函数可以表示为

$$Y_t = A \cdot (K_t^S)^{\beta^S} \cdot (K_t^P)^{\beta^P} \cdot (H_t)^{\alpha} \tag{6-1}$$

式中，Y_t 表示工业部门 t 周期的增加值；K_t^S 和 K_t^P 分别表示工业部门内国有和私营企业的资本存量，两者之间的互补和替代关系同样符合 Cobb-Douglas 技术特点；H_t 表示工业部门人力资本存量；A 为全要素生产率，为简化分析设其为常数；β,α 分别为实物资本和人力资本的产出弹性，若 $\alpha+\beta^S+\beta^P=1$，则表明企业满足规模报酬不变，否则规模报酬或为递减($\alpha+\beta^S+\beta^P<1$)，或为递增($\alpha+\beta^S+\beta^P>1$)。

式中，实物资本存量与人力资本存量的测算思路如下：

(1) 沿用张军和章元(2003)的方法测算实物资本存量 K_t：

$$\dot{K}_t^{\chi} = I_t^{\chi} - \delta^{\chi} \cdot K_{t-1}^{\chi} \tag{6-2}$$

式中，K_{t-1}^{χ} 表示第 $t-1$ 期的资本存量；K_t^{χ}，I_t^{χ} 及分别表示第 t 期的资本存量与投资额；δ^{χ} 为资本折旧率，且为常数。

(2) 自 Lucas(1977)，Romer(1986)以来，将人力资本纳入生产函数的做法已被广泛接受，且研究表明(朱彦元，2011)就业规模不能有效解释中国国内生产总值，因而要综合考虑就业量 L_t 以及工业部门劳动者的人均人力资本存量 h_t，以估算人力资本存量 H_t：

$$H_t = h_t \cdot L_t \tag{6-3}$$

式中，工业部门人均人力资本存量 h_t 沿用冯晓等(2012)的建议，按就业人员的平均受教育年限估算：

$$h_t = \sum_{j=0}^{6} m_t^{b_j} \cdot p_t^{b_j} \tag{6-4}$$

式中，b_j 代表不同教育层次；$m_t^{b_j}$ 表示获得 b_j 学历所需的受教育年限总和；$p_t^{b_j}$ 表示具有 b_j 学历者 $L_t^{b_j}$ 占部门就业人员 L_t 比例：

$$p_t^{b_j} = \frac{L_t^{b_j}}{L_t} \tag{6-5}$$

6.2 数据描述

计量分析仍选取中国规模以上私营与国有工业企业为研究对象。部分数据可直接取自历年《中国统计年鉴》《中国工业经济统计年鉴》《中国劳动统计年鉴》等；部分数据需要依据可获取数据进一步测算。根据就业者受教育背景统计数据的可得性，经验研究数据取样的年份为 1998—2011 年。

6.2.1 产出

1. 工业增加值、工业总产值与应交增值税

工业增加值(industrial added value，IAV)是最适合描述工业经济产出的指标。由于规模以上工业企业部分年份的工业增加值数据缺失①，需要对此选取代

① 《中国统计年鉴》《中国经济普查年鉴》与《中国工业经济统计年鉴》仅有 1999—2007 年增加值数据。

理变量。依据国民经济核算的生产法，工业总产值(gross industrial output value，GIOP)或应交增值税(value added tax payable，VATP)可作为备选。筛选方法是：先对 1999—2007 年的工业增加值分别对工业总产值、应交增值税数据(表6-1)作回归，再通过比较回归结果(表 6-2)选定合适的代理变量。

表 6-1　工业增加值、工业总产值与应交增值税

单位：亿元(当年价)

年份＼指标	IAV_t^S	IAV_t^P	$GIOV_t^S$	$GIOV_t^P$	$VATP_t^S$	$VATP_t^P$
	(1)	(2)	(3)	(4)	(5)	(6)
1998	—	—	33 621.04	2 082.87	1 852.36	53.04
1999	12 132.41	806.48	35 571.18	3 244.56	2 019.03	85.49
2000	13 777.68	1 318.48	40 554.37	5 220.36	2 320.36	143.60
2001	14 652.05	2 174.41	42 408.49	8 760.89	2 408.97	242.55
2002	15 935.03	3 255.83	45 178.96	12 950.86	2 580.51	368.39
2003	18 837.60	5 378.76	53 407.90	20 980.23	3 025.57	589.24
2004	23 213.00	8 290.00	70 228.99	35 141.25	3 514.68	964.44
2005	27 176.67	12 855.55	83 749.92	47 778.20	4 098.37	1 336.63
2006	32 588.81	18 735.86	98 910.45	67 239.81	4 930.24	1 868.62
2007	39 970.46	26 382.18	119 685.65	94 023.28	5 951.44	2 698.44
2008	—	—	143 950.02	136 340.33	6 769.35	4 378.36
2009	—	—	146 630.00	162 026.18	6 508.74	4 546.76
2010	—	—	185 861.02	213 338.57	8 362.00	6 063.91
2011	—	—	221 036.25	252 325.74	9 406.51	7 023.82

数据来源：《中国统计年鉴》《中国工业经济统计年鉴》及《中国经济普查》。

表 6-2 回归:工业增加值、工业总产值与应交增值税

被解释变量(Independent variable)	解释变量(Dependent variable)			
	IAV_t^S		IAV_t^P	
$GIOV_t^S$	0.321 9*** (0.006 0)			
$VATP_t^S$		7.158 8*** (0.086 0)		
$GIOP_t^P$			0.282 0*** (0.005 7)	
$VATP_t^P$				9.909 2*** (0.173 4)
常数项(Constant)	938.444 3** (424.186 5)	−2 506.469 0*** (313.888 2)	−453.912 4 (251.192 4)	−335.925 4* (216.736 4)
样本量(Observations)	9	9	9	9
R^2 值(R^2)	0.997 6	0.999 9	0.997 2	0.997 9
调整的 R^2 值(Adjusted R^2)	0.997 3	0.998 8	0.996 8	0.997 6
残差标准误(Residual Std. Error)	1 319	213.5	1 516	196.2
F 值(F-Statistic)	2 338	8.975e+04	3 142	1.884e+05
P 值(p-value)	4.012e−15	2.2e−16	6.855e−16	2.2e−16
Signif. codes	'***' 0.001 '**' 0.01 '*' 0.05 '.' 0.1 ' ' 1			

如表 6-2 所示,企业应交增值税与工业增加值的拟合度更高,常数项也更为显著。这说明,取样期内应交增值税与工业总产值之间的正相关更显著。此外,应交增值税以商品(含应税劳务)在流转过程中的增值额为税基而算得,在税率固定的情况下,应交增值税与增加值应保持相同变化趋势。因此,应交增值税可选作工业部门增加值的替代变量。

2. 价格指数平减

为了使不同年份的产出数据之间可比,需要扣除名义量中的价格上涨因素。《中国统计年鉴》中提供了以 1985 年为 100 的工业生产者出厂价格指数 $P_t^{IP,1985}$,可以此测算 1998 年为基年的工业产出价格平减指数 $P_t^{IP,1998}$,相关数据见表 6-3。

工业企业产出(可比价) Y_t^χ 满足式,测算数据见表 6-3。

$$Y_t^\chi = \frac{VATP_t^\chi}{P_t^{IP,1998}} \cdot 100 \tag{6-6}$$

式中,工业部门总产出 Y_t 为国有与私营工业企业产出之和,即 $Y_t = Y_t^S + Y_t^P$ 。

表 6-3　工业生产者出厂价格指数与产出实际值

单位:亿元(可比价)

指标 年份	$P_t^{IP,1985}$	$P_t^{IP,1998}$	Y_t^S	Y_t^P	Y_t
	(1)	(2)	(3)	(4)	(5)
1998	302.10	100.00	1 852.36	53.04	1 905.40
1999	294.80	97.58	2 069.03	87.61	2 156.63
2000	303.10	100.33	2 312.70	143.13	2 455.83
2001	299.20	99.04	2 432.32	244.90	2 677.22
2002	292.60	96.86	2 664.29	380.35	3 044.64
2003	299.30	99.07	3 053.87	594.75	3 648.63
2004	317.60	105.13	3 343.15	917.37	4 260.52
2005	333.20	110.29	3 715.84	1 211.87	4 927.71
2006	343.20	113.60	4 339.82	1 644.84	5 984.66
2007	353.80	117.11	5 081.77	2 304.12	7 385.89
2008	378.20	125.19	5 407.25	3 497.36	8 904.61
2009	357.80	118.44	5 495.50	3 838.95	9 334.45
2010	377.50	124.96	6 691.82	4 852.73	11 544.55
2011	400.20	132.47	7 100.72	5 302.09	12 402.81

3. 私营与国有企业产出比较

根据国有与私营企业产出数据(表 6-3),可计算并比较两类企业的产出增长率 gY_t^χ 及产出份额 $perY_t^\chi$(表 6-4,图 6-1)。

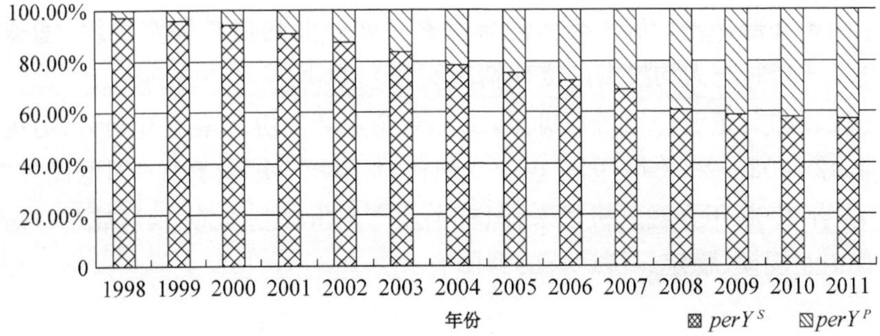

图 6-1　私营与国有企业产出份额

表 6-4　工业部门产出相关数据

年份 \ 指标	gY_t^S	gY_t^P	gY_t	$perY_t^S$	$perY_t^P$
	(1)	(2)	(3)	(4)	(5)
1998	—	—	—	97.22%	2.78%
1999	11.70%	65.17%	13.19%	95.94%	4.06%
2000	11.78%	63.37%	13.87%	94.17%	5.83%
2001	5.17%	71.11%	9.01%	90.85%	9.15%
2002	9.54%	55.31%	13.72%	87.51%	12.49%
2003	14.62%	56.37%	19.84%	83.70%	16.30%
2004	9.47%	54.24%	16.77%	78.47%	21.53%
2005	11.15%	32.10%	15.66%	75.41%	24.59%
2006	16.79%	35.73%	21.45%	72.52%	27.48%
2007	17.10%	40.08%	23.41%	68.80%	31.20%
2008	6.40%	51.79%	20.56%	60.72%	39.28%
2009	1.63%	9.77%	4.83%	58.87%	41.13%
2010	21.77%	26.41%	23.68%	57.97%	42.03%
2011	6.11%	9.26%	7.43%	57.25%	42.75%
均值	11.02%	43.09%	15.65%	—	—

(1) 1998—2011 年国有与私营工业企业年均增长率分别为 11.02% 和 43.09%，高于全国 GDP 增长速度①，相比之下后者更具增长活力。

(2) 由于外部冲击，2009 年私营与国有工业企业的增长势头放缓，增速仅为 9.77% 与 1.63%（与人均投资的变化情况类似）。

(3) 比较两类企业产出份额可见，①私营企业产出份额呈上升趋势，但仍低于国有企业；②2002—2007 年，国有企业产出比重下降较快，体现了“国退民进”的改革成果；③自 2008 年金融危机以来，国有企业产出份额基本持平，这或与政府通过维持国有企业规模、稳定经济运行的意图有关。

① 根据《中国统计年鉴》数据测算，同期 GDP 年均增长率为 10.0%。

6.2.2 实物资本存量

由于规模以上国有与私营工业企业的投资额、折旧率等数据缺失，因此无法直接估算工业部门资本存量①。本书参考黄勇峰(2005)、陈诗一(2011)的测算方法：①确定初始资本存量；②根据固定资产原值、折旧额等数据估算资本折旧率；③以固定资产投资价格指数平减当年新增投资额；④采用永续盘存法计算当年实物资本存量。

1. 初始资本存量

按照资本永续盘存法，初始资本存量 K_{1998}^{χ} 是由过去若干年间的投资所形成。但是，中国私营经济起步较晚，其投资数据仅可追溯至 1994 年，因此，需要对初始资本存量的测算方法做简化处理。依据式(6-7)，以 1998 年的固定资产净值代替期初资本存量，算得数据见表 6-5。

$$K_{1998}^{\chi} = OVFA_{1998}^{\chi} - AD_{1998}^{\chi} \tag{6-7}$$

式中，$OVFA_{1998}^{\chi}$，AD_{1998}^{χ} 分别为 1998 年企业固定资产原值与累计折旧。

2. 折旧率

考虑到研究期间较短，故将固定资产折旧率设定为常数。具体测算方法为：

(1) 根据式(6-8)，本年折旧额 D_t 等于累计折旧额的增加值。

$$D_t^{\chi} = AD_t^{\chi} - AD_{t-1}^{\chi} \tag{6-8}$$

(2) 各期折旧率 δ_t^{χ} 满足式(6-9)，即 t 期折旧率等于本年折旧额 D_t^{χ} 除以 $t-1$ 期固定资产原值 $OVFA_{t-1}^{\chi}$ 。

$$\delta_t^{\chi} = \frac{D_t^{\chi}}{OVFA_{t-1}^{\chi}} \times 100 \tag{6-9}$$

(3) 对各期折旧率 δ_t^{χ} 取均值即可得到企业平均折旧率 δ^{χ} 。

$$\delta^{\chi} = \frac{1}{13} \cdot \sum_{t=1999}^{2011} \delta_t^{\chi} \tag{6-10}$$

计算结果见表 6-5，私营与国有企业折旧率变化趋势如图 6-2 所示。

---

① 有学者直接采用工业企业总资产期初值(沈红波，2010)或固定资产期末原值(王玲，2004)等数据近似资本存量。但固定资产原值或净值包含了不同年份价格水平投资品价值，无法真实地反映工业企业实物资本存量的变化趋势。

表 6-5 企业固定资产原值、折旧额与折旧率

单位:亿元(当年价)

指标 / 年份	$OVFA_t^S$	$OVFA_t^P$	AD_t^S	AD_t^P	D_t^S	D_t^P	δ_t^S	δ_t^P
	(1)	(2)	(3)	(4)	(5)	(6)	(7)	(8)
1998	47 913.25	681.14	12 216.27	136.17	—	—	—	—
1999	53 146.30	1 034.21	17 411.23	224.97	5 194.96	88.80	10.84%	13.04%
2000	57 294.96	1 651.37	19 656.20	384.89	2 244.97	159.92	4.22%	15.46%
2001	61 782.45	2 741.06	22 193.96	674.51	2 537.76	289.62	4.43%	17.54%
2002	64 521.95	3 959.95	23 759.25	972.10	1 565.29	297.59	2.53%	10.86%
2003	69 701.11	6 228.85	26 033.86	1 531.69	2 274.61	559.59	3.53%	14.13%
2004	76 599.42	9 992.56	28 952.03	2 359.68	2 918.17	827.99	4.19%	13.29%
2005	83 515.49	12 983.32	32 213.10	3 241.98	3 261.07	882.30	4.26%	8.83%
2006	96 085.32	17 316.09	36 561.94	4 491.24	4 348.84	1 249.26	5.21%	9.62%
2007	110 084.72	22 383.18	42 015.50	6 026.04	5 453.56	1 534.80	5.68%	8.86%
2008	129 146.64	34 437.22	49 055.00	9 757.66	7 039.50	3 731.62	6.39%	16.67%
2009	145 330.28	42 366.46	54 397.07	12 318.93	5 342.07	2 561.27	4.14%	7.44%
2010	165 601.04	56 459.89	63 521.58	18 217.43	9 124.51	5 898.50	6.28%	13.92%
2011	185 896.57	65 621.77	74 012.68	25 473.61	10 491.10	7 256.18	6.34%	12.85%

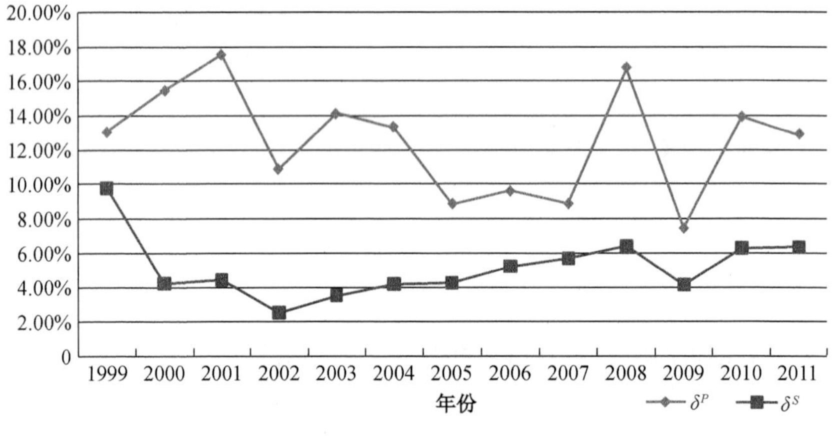

图 6-2 私营与国有企业固定资产折旧率变化趋势

图 6-2 显示:研究期间私营工业企业折旧率波动幅度较大,国有企业折旧率时间序列中也存在奇异点(如 1999 年和 2009 年)。1998—2011 年,国有与私营工业企业固定资产原值呈平稳且快速增长的趋势,然而折旧额却出现不规则的波动,造成折旧率变化幅度较大。通常情况下,若固定资产持续增加,且折旧率基本不变,

则折旧额也应当持续上升。因此，有必要尝试用其他方法估算国有与私营工业企业资本折旧率，期待得到更为准确的数据。

首先，将式(6-9)改写为 t 期折旧额与 $t-1$ 期固定资产原值的函数：

$$D_t^{\chi} = \delta_t^{\chi} \cdot OVFA_{t-1}^{\chi} \cdot 100 \tag{6-11}$$

并根据式(6-11)构建回归等式(6-12)：

$$D_t^{\chi} = a_0^{\chi} + a_1^{\chi} \cdot OVFA_{t-1}^{\chi} \cdot 100 + u_t^{\chi} \tag{6-12}$$

式中，系数 a_1^{χ} 估计值可近似为折旧率 δ^{χ}。根据式(6-11)，绘制私营、国有工业企业固定资产原值与折旧额散点图(图 6-3)，不难发现：私营工业企业(左图)波动较大的年份为 2008 年与 2009 年；国有工业企业(右图)存在 1999 年、2009 年两处奇异点。

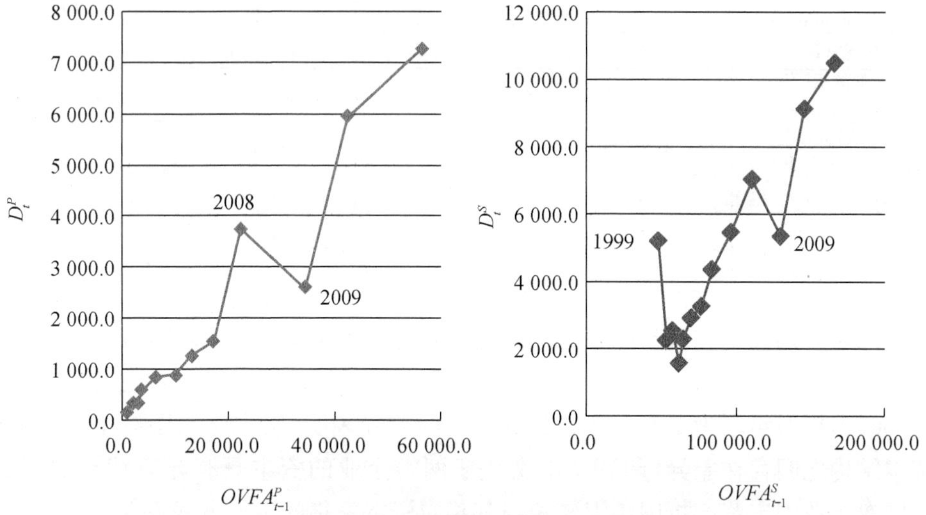

图 6-3　工业企业固定资产折旧额与固定资产原值散点图

相应地，需要在式(6-12)中加入虚拟变量对波动较大年份的数据进行修正。具体方法为：令虚拟变量 $Dum_{t,1}^{S}$ 2009 年设为 1，$Dum_{t,2}^{S}$ 1999 年设为 1，其余年份均为 0；$Dum_{t,1}^{P}$ 2008 年设为 1，$Dum_{t,2}^{P}$ 2009 年设为 1，其余年份均为 0。得到式(6-13)：

$$D_t^{\chi} = a_0^{\chi} + a_1^{\chi} \cdot OVFA_{t-1}^{\chi} \cdot 100 + Dum_{t,1}^{\chi} + Dum_{t,2}^{\chi} + u_t^{\chi} \tag{6-13}$$

其回归结果见表 6-6。

表 6-6 回归:固定资产原值与折旧额

被解释变量(Independent variable)	解释变量(Dependent variable)			
	D_t^S		D_t^P	
$OVFA_{t-1}^S$	0.065 0*** (0.010)	0.080 4*** (0.004 2)		
$Dum_{t,1}^S$		2.511.517 0** (546.409 8)		
$Dum_{t,2}^S$		3 872.406 9*** (548.802 7)	.	
$OVFA_{t-1}^P$			0.124 6*** (0.107 6)	0.131 8*** (0.005 5)
$Dum_{t,1}^P$				912.155 1** (336.484 0)
$Dum_{t,2}^P$				−1 847.197 9***. (351.395 2)
常数项(Constant)	−1 059.372 8 (980.843 8)	−2 529.595 1*** (408.416 8)	−84.314 9 (255.092 1)	−131.159 2 (123.340 1)
样本量(Observations)	13	13	13	13
R^2 值(R^2)	0.788 0	0.975 7	0.924 1	0.985 8
调整的 R^2 值(Adjusted R^2)	0.768 7	0.967 5	0.917 2	0.981 0
残差标准误(Residual Std. Error)	132 800	49 760	66 680	53 670
F 值(F-Statistic)	40.89	120.3	133.9	71.56
P 值(p-value)	5.118e−05	1.402e−07	1.686e−07	1.337e−06
Signif. codes	0'***' 0.001'**' 0.01'*'0.05 '.' 0.1 ' ' 1			

综合分别按平均法与回归法测得的折旧率数据(表 6-7),设国有工业企业的折旧率为 6.67%,对应的固定资产折旧年限为 15 年;设私营工业企业的折旧率为 12.50%,折旧年限为 8 年。两组数据之间的差异表明:①私营与国有工业企业的资本结构之间存在差异,印证了前文关于两类企业的资本具有异质特点的假设;②国有企业固定资产折旧年限较长与其相对资本密集的生产方式有关。

表 6-7 固定资本折旧率与折旧年限

	折旧率		折旧年限/年	
	平均法①	回归法	平均法	回归法
国有企业	4.82%	8.04%	20.75	12.43
私营企业	12.58%	13.18%	7.95	7.59

① 在回归法中,通过加入虚拟变量修正了奇异年份的折旧率,所以此处采用平均法计算的折旧率亦为剔除特殊年份折旧率后取平均值的结果。

3. 新增实际投资额

延用第 4 章的处理方法，用 t 与 $t-1$ 期固定资产原值之差近似按当年价计算的投资额。并采用固定资产投资价格指数 P_t^I ①进行平减，得新增实际投资额 I_t^χ ：

$$I_t^\chi = \frac{OVFA_t^\chi - OVFA_{t-1}^\chi}{P_t^{I,\ 1998}} \cdot 100 \tag{6-14}$$

式中，1998 年为基准年的投资品价格指数 $P_t^{I,\ 1998}$ 可由 1990 为基年的固定资产投资价格指数 $P_t^{I,\ 1990}$ 折算计算而来。测得数据见表 6-8。

表 6-8　投资品价格指数与企业新增实际投资额

年份 \ 指标	$P_t^{I,\ 1990}$	$P_t^{I,\ 1998}$	I_t^S / 亿元		I_t^P / 亿元	
			当年价	可比价	当年价	可比价
	(1)	(2)	(3)	(4)	(5)	(6)
1998	197.30	100.00	—	—	—	—
1999	196.50	99.59	5 233.05	5 254.36	353.07	354.51
2000	198.60	100.66	4 148.66	4 121.50	617.16	613.12
2001	199.40	101.06	4 487.49	4 440.23	1 089.69	1 078.21
2002	199.80	101.27	2 739.50	2 705.22	1 218.89	1 203.64
2003	204.20	103.50	5 179.16	5 004.15	2 268.90	2 192.23
2004	215.70	109.33	6 898.31	6 309.86	3 763.71	3 442.65
2005	219.10	111.05	6 916.07	6 227.94	2 990.76	2 693.19
2006	222.40	112.72	12 569.83	11 151.20	4 332.77	3 843.77
2007	231.10	117.13	13 999.40	11 951.89	5 067.09	4 325.99
2008	251.80	127.62	19 061.92	14 936.13	12 054.04	9 445.04
2009	245.80	124.58	16 183.64	12 990.37	7 929.24	6 364.68
2010	254.60	129.04	20 270.76	15 708.64	14 093.43	10 921.58
2011	271.40	137.56	20 295.53	14 754.27	9 161.88	6 660.42

① 1998 年为基准年的投资品价格指数可由 1990 年为基年的固定资产投资价格指数折算计算而来，见表 6-8。

4. 估算资本存量

将前文估算的初始资本存量 K^{χ}_{1998}、实际投资额 I^{χ}_{t} 及折旧率 δ^{χ} 数据代入式(6-2),可分别算得 1998—2011 年国有与私营工业企业资本存量 K^{χ}_{t} 和增量 ΔK^{χ}_{t}(表6-9)。

表 6-9 实物资本存量　　单位:亿元

年份＼指标	K^{S}_{t}	ΔK^{S}_{t}	K^{P}_{t}	ΔK^{P}_{t}
	(1)	(2)	(3)	(4)
1998	35 696.98	—	544.97	—
1999	38 570.35	2 873.37	831.36	286.39
2000	40 119.21	1 548.86	1 340.56	509.20
2001	41 883.49	1 764.28	2 251.20	910.64
2002	41 795.08	−88.41	3 173.44	922.24
2003	44 011.50	2 216.42	4 968.99	1 795.55
2004	47 385.79	3 374.29	7 790.52	2 821.53
2005	50 453.10	3 067.30	9 509.89	1 719.37
2006	58 239.08	7 785.98	12 164.93	2 655.04
2007	66 306.42	8 067.34	14 970.31	2 805.38
2008	76 819.91	10 513.49	22 544.06	7 573.76
2009	84 686.39	7 866.48	26 090.74	3 546.68
2010	94 746.45	10 060.06	33 750.97	7 660.24
2011	103 181.13	8 434.68	36 192.52	2 441.55

5. 资本产出率

根据产出与资本存量可计算国有与私营企业的资本产出比(capital-output ratio),即 $K^{\chi}_{t}/Y^{\chi}_{t}$ [表 6-10 列(1)～(2)]。值得注意的是:①国有与私营企业的资本产出比率均呈下降趋势①;②较之私营企业,国有企业资本产出比率下降的速度更快,该现象可能与后者投资效率下降更快有关。

---

① 樊瑛(1998)、葛新元和陈清华(2000)、王玲(2004)、白重恩(2008)、李仁君(2010),梁东黎(2013)等学者分别从行业、产业层面估算资本系数,发现在其研究期间工业部门、第二产业的资本系数是分阶段下降的。

表 6-10　资本产出比率

指标 年份	$\frac{K_t^S}{Y_t^S}$	$\frac{K_t^P}{Y_t^P}$	$\frac{\Delta Y_t^P}{I_t^P}$	$\frac{\Delta Y_t^S}{I_t^S}$
	(1)	(2)	(3)	(4)
1998	19.27	10.27	—	—
1999	18.64	9.49	0.10	0.04
2000	17.35	9.37	0.09	0.06
2001	17.22	9.19	0.09	0.03
2002	15.69	8.34	0.11	0.09
2003	14.41	8.35	0.10	0.08
2004	14.17	8.49	0.09	0.05
2005	13.58	7.85	0.11	0.06
2006	13.42	7.40	0.11	0.06
2007	13.05	6.50	0.15	0.06
2008	14.21	6.45	0.13	0.02
2009	15.41	6.80	0.05	0.01
2010	14.16	6.96	0.09	0.08
2011	14.53	6.83	0.07	0.03

参考 Geng and N'Diaye(2012)及 Arndt and Heinz(2013)的方法，以增量资本产出率(incremental capital-output ratio，ICOR①)的倒数，即 $\Delta Y_t^\chi / I_t^\chi$ [表6-10列(3)～(4)]衡量经济体投资效率，数据显示：1999—2011 年，工业企业投资效率呈下降趋势，且国有企业增量资本产出比明显低于私营企业。原因可能在于：①在相对较严的融资条件约束下，私营企业必须通过提高资本利用率来获得更多盈利；②国有企业的融资约束较为宽松，且投资决策并非以利润最大化为唯一目标，这都会导致资本利用率下降。

6.2.3　人力资本存量

1. 就业人数

按式(6-3)估算工业部门人力资本存量时，需要有关于就业人数和就业者平均受教育水平的相关数据。1998—2011 年规模以上工业企业就业人员数 L_t 可参

① 增量资本产出率(ICOR)是反映投资效率的经济指标，一个经济体的 ICOR 越高，其投资效率和生产效率越低。

见 4.3.4 节表 4-5，由此可算的国有与私营企业就业人数份额 $perL_t^x$（表6-11）。数据显示：

（1）1998—2006 年国有企业就业人数呈下降趋势，2008 年国际金融危机后则趋于平稳，原因可能在于政府为了缓解金融危机对就业的冲击，发挥了国有企业稳定就业的政策性功能。

（2）自 1998 年以来，私营企业就业人员数量及其份额逐年上升，2006 年起私营企业就业人员数量已超过国有企业，这说明私营企业的发展对解决中国就业问题起着关键性的作用。

表 6-11　私营与国有工业就业人员份额　　单位：%

指标 年份	$perL_t^S$	$perL_t^P$
	(1)	(2)
1998	95.89	4.11
1999	93.68	6.32
2000	89.63	10.37
2001	83.16	16.84
2002	76.78	23.22
2003	67.79	32.21
2004	56.56	43.44
2005	52.56	47.44
2006	47.79	52.21
2007	43.62	56.38
2008	38.45	61.55
2009	37.75	62.25
2010	35.67	64.33
2011	38.00	62.00

数据来源：《中国统计年鉴》及本书作者测算。

2. 人均人力资本存量

按式(6-4)、式(6-5)，估算工业部门人均人力资本存量 h_t。相关数据说明及其处理方式如下：

（1）根据《中国劳动统计年鉴》中的就业人员受教育程度数据，将中国受教育程度分为 7 个等级，分别为 b_j，$j=0, 1, 2, \cdots, 6$，对应于未上过学、小学、初中、高中、大学专科、大学本科及研究生；用 $z_t^{b_j}$ 表示各教育层级所需受教育时间，$m_t^{b_j}$ 表示达到的学历教育水平 b_j 总共需要的受教育时间（表 6-12）。

表 6-12　不同教育程度劳动者的平均学习年限和全部学习年限　单位:年

	b_0	b_1	b_2	b_3	b_4	b_5	b_6
z_{tj}^{b}	0	6	3	3	3	4	3
m_{tj}^{b}	0	6	9	12	15	16	19

(2) 由于规模以上工业企业就业人员受教育水平的数据不可获得,采用《中国劳动统计年鉴》中全部工业企业就业人员受教育程度的相关数据近似 $p_t^{b_j}$;《中国劳动统计年鉴》未提供的 1998—2001 年数据采用了杨茜(2013)估算的第二产业数据[表 6-14 列(8)]作为替代,2002—2011 年的数据直接来自于《中国劳动统计年鉴》,根据下式算得

$$L_{e,t}^{b_j} = p_{e,t}^{a_j} \cdot L_{e,t}, \quad e = 1, 2, 3 \tag{6-15}$$

$$p_t^{b_j} = \frac{\sum_{e=1}^{3} L_{e,t}^{b_j}}{\sum_{e=1}^{3} L_{e,t}} \cdot 100 \tag{6-16}$$

式中,下标 e 代表工业企业的行业种类,$e = 1, 2, 3$ 分别为采矿业,制造业,电力、燃气及水的生产和供应业;$L_{e,t}$ 为 e 行业 t 期的就业人数(表 6-14),$p_{e,t}^{b_j}$ 表示 t 期 e 行业中就业人员受教育程度构成。

表 6-13　工业部门分行业就业人员数　　单位:万人

年份＼指标	$L_{1,t}$	$L_{2,t}$	$L_{3,t}$
	(1)	(2)	(3)
2002	558.00	8 307.00	290.00
2003	1 830.84	11 176.05	335.72
2004	1 946.04	11 857.19	275.16
2005	2 011.43	12 683.62	276.26
2006	2 137.57	13 525.88	301.30
2007	2 329.28	15 086.42	220.09
2008	2 302.72	14 634.00	311.56
2009	2 464.20	15 540.82	216.72
2010	2 493.89	16 138.89	213.32
2011	2 465.79	16 482.97	213.30

数据来源:《中国劳动统计年鉴》。

此外，2002—2011 年工业企业各行业就业人员相关数据在表 4-14 中已经列出；工业部门就业人员工业部门不同层次水平就业人员占总就业人数的百分比见表 6-14；根据式求得 2002—2011 年全国工业部门就业人员人力资本存量的均值见表 4-15 列(8)。

表 6-14　不同层次受教育水平就业人员占总就业人数的百分比及人力资本存量

年份＼指标	p_{tj}^{b}							h_t/年	H_t/万人
	b_0	b_1	b_2	b_3	b_4	b_5	b_6		
	(1)	(2)	(3)	(4)	(5)	(6)	(7)	(8)	(9)
1998	4.00%	31.09%	52.23%	11.76%	0.06%	0.85%	0.00%	8.12%	31 751.24
1999	3.45%	27.75%	53.53%	13.96%	0.32%	0.99%	0.00%	8.36%	30 309.13
2000	2.64%	24.36%	54.42%	16.20%	1.14%	1.23%	0.00%	8.67%	28 979.02
2001	1.96%	21.15%	54.83%	18.54%	2.25%	1.28%	0.00%	8.97%	28 853.73
2002	1.29%	14.29%	52.88%	24.99%	4.92%	1.53%	0.11%	9.62%	30 360.75
2003	1.48%	15.12%	53.62%	23.02%	4.97%	1.72%	0.09%	9.53%	30 410.15
2004	1.31%	15.36%	54.48%	22.15%	4.84%	1.77%	0.09%	9.51%	33 173.61
2005	1.66%	16.54%	54.77%	20.22%	4.84%	1.84%	0.13%	9.39%	33 504.09
2006	1.33%	15.17%	54.16%	21.33%	5.51%	2.32%	0.19%	9.58%	36 155.00
2007	1.13%	14.28%	55.95%	21.18%	5.27%	2.03%	0.15%	9.58%	38 278.47
2008	1.09%	13.80%	55.62%	21.58%	5.49%	2.23%	0.19%	9.64%	44 983.30
2009	0.85%	13.20%	56.76%	20.53%	5.94%	2.52%	0.21%	9.70%	46 322.52
2010	0.73%	13.01%	55.13%	20.59%	6.90%	3.33%	0.29%	9.84%	50 652.47
2011	0.53%	10.70%	53.15%	23.43%	8.30%	3.64%	0.25%	10.11%	48 220.33

观察表 6-14 及图 6-4 中工业部门人均人力资本存量及其变化可知：

(1) 1998—2011 年，随着中国经济的发展和教育投入逐年增加①，工业部门人均人力资本存量持续上升。

(2) 工业部门的人均人力资本存量明显高于全国平均水平[表 3-1 列(4)]，这与工业部门的生产方式以及对就业者的能力要求不无关系。

① 根据《中国教育统计年鉴》数据测算，1998—2011 年，国家财政性教育支出从 1 870.01 亿元增加至 16 744.58 亿元，其占 GDP 的比重由 2.16%提高至 3.54%。

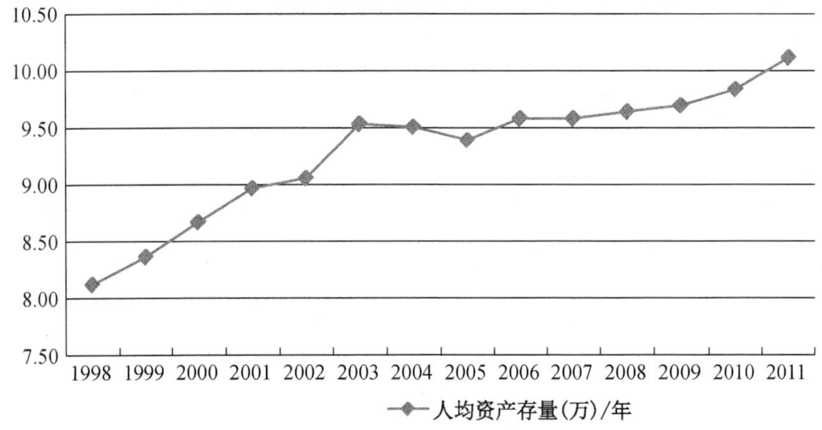

图 6-4 人均人力资本存量

(3) 2003，2004 年工业部门人均人力资本存量(与全国指标类似)出现较大程度波动,原因可能在于:中国就业统计口径在此期间作了较大调整,导致时间序列数据出现断层;1990 年代末中国高校开始大规模扩招,这一扩张性教育政策在数年后开始影响劳动力市场。

3. 人力资本存量

人力资本存量可由就业人数和人均人力资本存量算得,结果见表6-14 列(9)。

6.3 回归分析及生产函数估计

在上一节讨论的数据基础上,本节估计中国工业部门的生产函数,比较该部门中私营和国有两类企业的实物资本边际产出以及投资效果。

首先,对生产函数[式(6-1)]两边取对数,得回归等式:

$$\ln Y_t = a_0 + a_1 \cdot \ln K_t^S + a_2 \cdot \ln K_t^P + a_3 \cdot \ln H_t + u_t \tag{6-17}$$

式中,截距项 a_0 对应式(6-1)中的全要素生产率; a_1, a_2 和 a_3 分别表示国有企业实物资本存量 K_t^S 、私营企业实物资本存量 K_t^P 与人力资本存量 H_t 的产出弹性; u_t 是随机误差项。

式(6-17)的回归分析结果(表 6-15)显示。

(1) 根据一元回归的结果，私营企业实物资本 K_t^P、国有企业实物资本 K_t^S 与人力资本 H_t 的系数估计值均显著，各要素的产出效果明显。

(2) 私营与国有企业实物资本存量可以共同解释99.60%的部门产出，较之人力资本，实物资本积累的产出效果更为明显(这也部分解释了中国工业部门增长对实物资本积累的依赖性)。

(3) 用实物资本与人力资本共同解释工业部门产出，H_t 的产出弹性不显著(t 值为1.76)，原因在于 K_t^χ 和 H_t 之间存在多重共线性(表6-16)。

表6-15 回归:工业部门基准生产函数

被解释变量(Independent variable)	解释变量(Dependent variable)				
	$\ln Y_t$				
	(1)	(2)	(3)	(4)	(5)
$\ln K_t^S$	1.748 1*** (0.102 9)			0.927 3** (0.088 8)	0.626 6** (0.189 1)
$\ln K_t^P$		0.451 0*** (0.027 7)		0.229 4*** (0.022 9)	0.248 6*** (0.023 7)
$\ln H_t$			2.887 7*** (0.324 4)		0.417 4 (0.236 9)
常数项(Constant)	−10.616 3*** (1.124 2)	4.518 4*** (0.245 4)	−21.798 1*** (3.401 0)	−3.665 3*** (0.787 8)	−4.924 4*** (1.015 6)
样本量(Observations)	14	14	14	14	14
R^2 值(R^2)	0.960 1	0.956 8	0.868 5	0.996 0	0.997 0
调整的 R^2 值(Adjusted R^2)	0.956 8	0.953 2	0.857 5	0.995 3	0.996 1
残差标准误(Residual Std. Error)	0.132 9	0.138 3	0.241 2	0.043 73	0.040 06
F 值(F-Statistic)	288.7	265.8	79.25	1 383	1 100
P 值(p-value)	9.28e−10	1.493e−09	1.239e−06	6.129e−14	6.812e−13
Signif. codes	0.000 1‘***’ 0.001‘**’ 0.01‘*’0.05 ‘.’ 0.1 ‘ ’ 1				

表 6-16 回归:投入要素共线性检验

被解释变量(Independent variable)	解释变量(Dependent variable)		
	$\ln K_t^S$	$\ln K_t^P$	$\ln H_t$
	(1)	(2)	(3)
$\ln K_t^S$			0.556 6*** (0.042 5)
$\ln K_t^P$	0.239 0*** (0.028 4)		
$\ln H_t$		5.706 0*** (1.025 0)	
常数项(Constant)	8.825 0*** (0.252 2)	−51.046 0*** (10.746 0)	4.404 9*** (0.464 7)
样本量(Observations)	14	14	14
R^2 值(R^2)	0.854 8	0.720 9	0.934 5
调整的 R^2 值(Adjusted R^2)	0.842 7	0.697 6	0.929 1
残差标准误(Residual Std. Error)	0.142 1	0.762 3	0.054 94
F 值(F-Statistic)	70.64	30.99	171.3
P 值(p-value)	2.26e−06	0.000 122	1.83e−08
Signif. codes	0'***' 0.001'**' 0.01'*'0.05 '.' 0.1 ' ' 1		

为了消除多重共线性,设工业部门生产规模报酬不变,即 $\alpha+\beta^S+\beta^P=1$,对式(6-1)两边同时除以 H_t ①并取对数。变形后的回归式为

$$\ln\left(\frac{Y_t}{H_t}\right)=a_0+a_1\cdot\ln\left(\frac{K_t^S}{H_t}\right)+a_2\cdot\ln\left(\frac{K_t^P}{H_t}\right) \tag{6-18}$$

式中,a_1,a_2 分别表示 K_t^S 与 K_t^P 的产出弹性,人力资本的产出弹性 α 可间接求得,即 $\alpha=1-a_1-a_2$ 。式(6-18)回归结果见表 4-17 列(1)。

① 本书亦尝试通过两边同时除以 K_t^S(或 K_t^P)以缓解共线性问题,但估算结果并不理想,因此本书认为共线性的问题可能主要源于人力资本。

表 6-17 回归:调整后的工业部门生产函数

被解释变量(Independent variable)	解释变量(Dependent variable)	
	$\ln\left(\frac{Y_t}{H_t}\right)$	
	(1)	(2)
$\ln\left(\frac{K_t^S}{H_t}\right)$	0.867 7** (0.222 3)	0.626 6** (0.189 1)
$\ln\left(\frac{K_t^P}{H_t}\right)$	0.257 6*** (0.030 6)	0.248 6*** (0.023 7)
$\ln H_t$		0.292 54* (0.099 2)
常数项(Constant)	−1.947 6*** (0.147 6)	−4.924 4*** (1.015 6)
样本量(Observations)	14	14
R^2 值(R^2)	0.988 8	0.994 0
调整的 R^2 值(Adjusted R^2)	0.986 7	0.992 2
残差标准误(Residual Std. Error)	0.052 23	0.040 06
F 值(F-Statistic)	483.8	551.1
P 值(p-value)	1.0.4e−11	2.121e−11
Signif. codes	0‘***’ 0.001‘**’ 0.01‘*’ 0.05 ‘.’ 0.1 ‘ ’ 1	

由表 6-17 列(1)回归结果可知,消除多重共线性后各解释变量的系数均显著,且回归等式的整体拟合优度达 99.88%。但是,实物资本产出弹性之和大于 1($a_1+a_2=1.125\ 3>1$),与之前的模型假定不符。因此,再设定中国工业部门生产规模报酬递增,即 $\alpha+\beta^S+\beta^P>1$,并将回归等式改写为

$$\ln\left(\frac{Y_t}{H_t}\right)=a_0+a_1\cdot\ln\left(\frac{K_t^S}{H_t}\right)+a_2\cdot\left(\frac{K_t^P}{H_t}\right)+a_3\cdot\ln H_t+u_t \tag{6-19}$$

式中,a_1,a_2 分别表示 K_t^S 与 K_t^P 的产出弹性;人力资本产出弹性 $\alpha=1+a_1+a_2-a_3$。式(6-19)的回归结果如表 6-17 列(2)所示。

与式(6-18)回归结果相比,式(6-19)的拟合优度提高至 99.40%,并且 F 值和 p 值均理想,残差标准差较低,各个解释变量的系数及常数项均显著,能更贴切地描述工业部门生产函数。据此,中国工业部门的生产函数可近似表示为

$$Y_t=\mathrm{e}^{-4.924\ 4}\cdot(K_t^S)^{0.626\ 6}\cdot(K_t^P)^{0.248\ 6}\cdot(H_t)^{0.417\ 4} \tag{6-20}$$

通过以上分析(表 6-15,表 6-17 及式(6-20)),可知:

(1) 中国工业部门具有规模报酬递增的特征(要素产出弹性和为 1.29),这说明该部门尚有进一步扩张的空间;

(2) 实物资本产出弹性的显著性水平高于人力资本,前者对工业部门的产出影响更明显,这说明投资仍是工业经济扩张的重要途径;

(3) 国有企业实物资本的产出弹性高于私营企业($\beta^S = 0.63 > \beta^P = 0.25$),这意味着中国工业部门中,国有企业采用资本密集度更高的生产方式,而私营企业资本密集度偏低或与其融资约束较之国有企业更严格有关。

6.4 私营与国有企业投资效果比较

如第 5 章所述,中国私营与国有企业面临的融资约束条件不同,因此,这两类企业的投资效果之间不可避免地会存在差异。在建立了中国工业部门生产函数(式(6-20))以后,可以对上述差异作定量比较和分析。

根据式(6-20)分别求出国有、私营企业资本的边际产出数理式如下:

$$\frac{\partial Y_t}{\partial K_t^\chi} = \beta^\chi \cdot \frac{Y_t}{K_t^\chi} \tag{6-21}$$

$$\frac{\partial Y_t}{\partial H_t} = \alpha \cdot \frac{Y_t}{H_t} \tag{6-22}$$

将相关数据(表 6-3,表 6-9,表 6-14)代入式(6-21)、式(6-22)分别计算出 1998—2011 年国有与私营工业企业实物资本对产出增长的边际效果 $\partial Y_t / \partial K_t^\chi$ 以及人力资本边际产出 $\partial Y_t / \partial H_t$,算得数据见表 6-18。

比较表 6-19 中各要素边际产出可知:

(1) 在取样期的最后 5 年,中国工业部门中私营企业的资本边际产出均值较国有企业约高出 30%,即私营企业的投资回报率约为国有企业的 1.32 倍;在取样期的最后两年,私营企业的投资回报率约为国有企业的 1.12 倍。

(2) 上述测算数据进一步证实了本书第 3 至 5 章的分析结果,即:

① 在当前中国金融体系内,私营企业的融资约束条件较国有企业更具约束性,融资成本更高,因此其要求投资回报率必然要高于国有企业。

② 得益于较为宽松的融资约束,也由于产出以及就业目标取向,国有企业的投资更具扩张性,导致其资本产出效率偏低。

表 6-18 国有与私营企业实物资本、人力资本的边际产出

指标 年份	$\frac{\partial Y_t}{\partial K_t^S}$	$\frac{\partial Y_t}{\partial K_t^P}$	$\frac{\partial Y_t}{\partial H_t}$
	(1)	(2)	(3)
1998	0.03	0.87	0.03
1999	0.04	0.64	0.03
2000	0.04	0.46	0.04
2001	0.04	0.30	0.04
2002	0.05	0.24	0.04
2003	0.05	0.18	0.05
2004	0.06	0.14	0.05
2005	0.06	0.13	0.06
2006	0.06	0.12	0.07
2007	0.07	0.12	0.08
2008	0.07	0.10	0.08
2009	0.07	0.09	0.08
2010	0.08	0.09	0.10
2011	0.08	0.09	0.11
平均	0.06	0.25	0.06

③ 即使考虑国有企业的政策性功能，私营企业资本边际产出明显高于国有企业的事实也说明在中国现行金融体制内，融资约束差异以及融资约束差异所造成的资源使用效率差异过大，降低了工业部门乃至整体国民经济的资本产出效率。

④ 融资约束差异的持续存在以及金融市场上的“价格歧视”反映了中国存在金融市场分割现象，阻碍货币资本流通，扭曲企业的投资行为，降低了整体经济的投资效率，因此，进一步加快推进金融体系的市场化势在必行。

(3) 1998—2011 年，尽管国有企业投资规模持续扩大，但资本边际产出不仅没有下降，反而逐年上升，原因可能是国有经济部门全要素生产率随着工业化进程的提高；同期内，私营企业规模亦呈扩张态，资本边际产出却逐年递减，原因可能是私营企业部门的技术进步相对滞后；由于技术进步需要长期资金投入，过严的融资约束不可避免地会阻碍私营企业在投资中学(learning by investing)以及通过加大技术投入赢得发展机会，就此而言，中国的金融改革也应该继续深化。

6.5 融资约束差异对工业部门产出规模的影响

融资环境改善后，私营与国有企业的投资决策均会发生变化，并有可能最终导致工业部门人均投资额增加或减少。5.2.3 小节的研究结果显示，金融发展(融资约束差异)指标增加(减少)1%，工业部门人均投资额会增加 0.001 6 万元。为了估算人均投资额的变动会对工业部门增加值产生怎样的影响，可假设以下两种极端的情况，并根据工业部门投资行为方程及生产函数计算出工业部门增加值对融资约束差异指标的弹性系数：

(1) 场景一：工业部门人均投资额增加完全由私营企业投资扩张所致。

当融资约束差异指标 $\Delta Asset^{G/D}$ 变化 1%，私营企业人均投资额 i^P 增加0.001 6万元时，其投资规模 I^P 将增加 2.516 2 亿元(0.001 6 万元/人×1 613.137 1万人)，相应地，实物资本存量 K^P 由 12 580.318 3 亿元增长为 12 582.834 5 亿元。假设其他条件不变(c. p.)，根据工业部门生产函数(式 6-20)可计算出工业部门增加值 Y 增长 0.0050%，进而得出工业部门增加值对融资约束变化的弹性系数为 0.005 0。

(2) 场景二：工业部门人均投资额增加完全由国有企业投资增加所致。

当国有企业企业人均投资额 i^S 增加 0.001 6 万元/人时，采用类似方法可计算出工业部门增加值对融资约束变化的弹性系数为 0.003 8。

基于上述两种场景的分析结果，可知：①融资约束差异变化降低 1%后，工业部门增加值的变化率为正，且介于 0.003 8%和 0.005 0%之间；②与国有企业相比，私营企业扩大投资规模所带来的产出效果更大(0.005 0%>0.003 8%)。因此，提升金融市场竞争水平、缓解融资约束差异对加快国民经济增长有正效果。

第7章

案例分析

7.1 概况

基于前文对融资约束及其差异对企业投资影响的分析，本章将选取工业部门两家代表不同所有制的企业，从管理学视角分析其财务数据和相关信息，比较二者的投融资行为以及经营成果，以期对实证经济学框架内的研究结果进行验证与补充。

广东美的电器股份有限公司(以下简称“美的电器”)。美的电器是于1992年8月10日在原广东美的电器企业集团基础上改组设立的股份有限公司，1993年9月7日，向社会公开发行股票并上市交易。美的电器的注册地及总部办公地为广东省佛山市。截至2012年12月31日，美的电器注册资本为3 384.35百万元，营业收入68 071.20百万元；控股股东为美的控股有限公司(持有美的电器股份比例:41.17%)，实际控制人为何享健(持有美的电器股份比例:25.03%)。美的电器属电气机械和器材制造业企业，主要业务包括家用电器、电机及其零部件的生产及销售等。

珠海格力电器股份有限公司(以下简称“格力电器”)。格力电器前身为珠海市海利冷气工程股份有限公司，1989年经珠海市工业委员会、中国人民银行珠海分行批准设立；1996年11月18日经中国证券监督管理委员会批准于深圳证券交易所上市。格力电器注册地及总部办公地位于广东省珠海市。截至2012年12月31日，格力电器注册资本为3 007.87百万元，营业收入99 316.20百万元；控股股东为珠海格力集团有限公司(持有格力电器股份比例:18.22%)，实际控制人为珠海市国有资产监督管理委员会(持有格力电器股份比例:18.22%)。格力电器属于电气机械和器材制造业企业，主要产品或服务为生产销售空调器及其配件和小家电及其配件等。

由上述两家企业的概况介绍可知，美的电器与格力电器：①总部均位于广东省，面临的区域政策和所处的经济环境相似；②同属于制造业-电气机械和器材制造业企业，但同时也具有各自的经营特色；③所有制性质分别为私营（美的电器）与国有控股（格力电器）。上述特点为案例分析提供了基本条件。

在后继章节中，将比较美的电器和格力电器2007—2012年财务数据以及其他相关信息，分析两家代表性企业的融资、投资行为以及经营情况。

7.2 企业融资情况

企业生产经营的维持和发展都离不开资金支持，筹措资金主要有权益性融资和债务性融资两种途径。以下将对美的电器与格力电器权益性融资与债务性融资行为进行比较分析，着重关注两家企业的融资成本，以此验证私营与国有企业间是否存在融资约束差异。

7.2.1 权益性融资

美的电器与格力电器2007—2012年年度报告披露，两家企业为了满足新增扩建项目、补充流动资金等需求，均通过增发股票进行项目融资，相关增发信息见表7-1。

表7-1 美的电器与格力电器增发股票信息

美的电器	新股发行量/百万股	募集资金金额/百万元	募集资金净额/百万元	发行费用率	募集资金用途
2009.07.30	189.19	2 978.43	2 913.15	2.19%	收购其他公司股股权；新增或扩建生产项目；补充流动资金
2011.03.11*	264.08	4 360.00	4 300.15	1.37%	
格力电器	新股发行量/百万股	募集资金金额/百万元	募集资金净额/百万元	发行费用率	募集资金用途
2007.12.10	29.52	1 156.00	1 135.36	1.81%	新增或扩建生产项目；补充流动资金
2012.09.20	189.98	3 260.00	3 195.29	1.99%	

注：发行费用率＝（募集资金金额－募集资金净额）÷募集资金金额×100%。

* 此次股票发行方式为定向（非公开）增发。

企业为了筹集和使用资金，需要付出相应的代价。通过股票发行进行融资时，需要向相关金融机构支付发行费用。根据企业年度报告披露的信息可计算出美的电器与格力电器增发股票的发行费用率（表 7-1）。数据显示，研究期内美的电器公开增发股票发行费用率为 2.19%，格力电器的发行费用率为 1.90%，很明显，美的电器负担的筹资费用较高。

同时，企业在进行权益性融资时，还需要向股东支付股利，即向股东分配利润。如图 7-1 所示，2007—2012 年，企业的股利支付率与净利润的变化情况相近，而且美的电器的股利支付率除了在 2009 年、2010 年出现短暂下滑外，其他年份均高于格力电器。因此，从分红情况来看美的电器相对于格力电器支付的资金使用成本更高，也从一定程度上反映出美的电器对股东的重视。

企业进行融资活动通常和特定投资动机有关。在考察两家企业融资用途时发现，美的电器募集的资金，除了用于投资建厂、补充流动性资金以外，还会用来收购其他公司股权，而并购对资金的需求小于以自有资金投资建厂对资金的消耗程度。由此可推断：①美的电器倾向于选择并购、联营扩大规模的发展路径；②美的电器的资金无法满足投资建厂的发展模式。

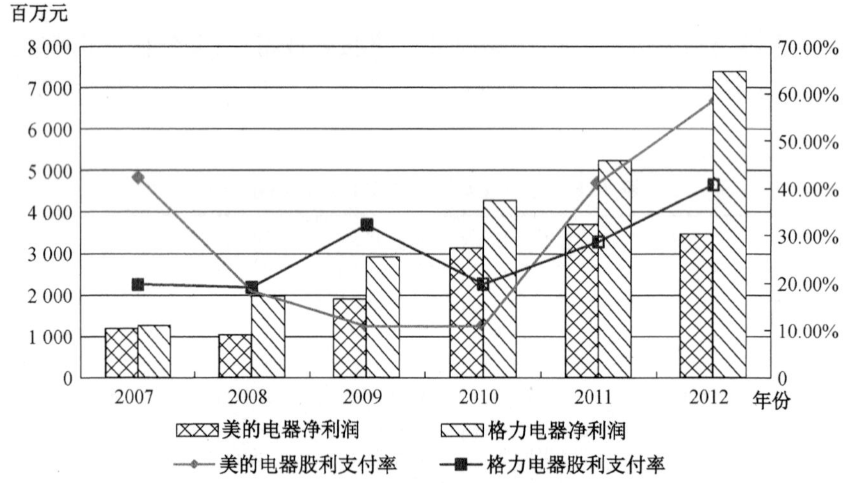

图 7-1 美的电器与格力电器净利润及股利支付率

7.2.2 债务性融资

外源融资中，债务性融资是保障企业资金需求的重要方式。表 7-2 列示出美的电器与格力电器短期借款、长期借款金额及同比增长率。数据显示，研究期间，两家企业的借款额规模增长迅速，并且企业借款金额的增加与其规模扩张的速度基本一致。由此可见，融资规模与企业的发展速度有较高的相关性。因此，企业成长过程中，提高自身融资能力对企业发展至关重要。

表 7-2　美的电器与格力电器短期借款及长期借款

项目	短期借款/百万元		短期借款增长率		长期借款/百万元		长期借款增长率	
企业	美的电器	格力电器	美的电器	格力电器	美的电器	格力电器	美的电器	格力电器
2007 年	802.33%	0.00%	—	0.00%	0.00%	0.00%	0.00%	0.00%
2008 年	2 360.34%	8.40%	194.19%	0.00%	0.00%	0.00%	0.00%	0.00%
2009 年	539.69%	961.63%	−77.14%	11 345.88%	0.00%	0.00%	0.00%	0.00%
2010 年	728.56%	1900.38%	35.00%	97.62%	393.81%	1 853.83%	0.00%	0.00%
2011 年	3 213.69%	2 739.29%	341.10%	44.14%	1 381.36%	2 582.20%	250.77%	39.29%
2012 年	3 225.40%	3 520.64%	0.36%	28.52%	1 483.61%	984.46%	7.40%	−61.88%

负债结构是指企业负债中各种负债数量比例关系，主要是短期负债与长期负债的比例关系。企业的负债结构与其销售状况、资产结构、企业规模及利率状况等因素相关。美的电器与格力电器债务结构相关数据如表 7-3 所示。整体来看，两家企业流动负债比例都处于较高水平，短期借款比例高于长期借款比例，这与两家企业的资本结构、所处的行业有关。就长期借款占全部借款比重这一指标来看，美的电器长期借款比重为 16.11%，格力电器长期借款比重则更高。这或是因为较之私营企业，国有企业的企业的规模大、筹集长期资金的能力较强，所以长期借款相对较多。

表 7-3　美的电器与格力电器债务结构相关数据

项目	短期借款比例		流动负债比例		长期借款比例		长期借款占全部借款比重	
企业	美的电器	格力电器	美的电器	格力电器	美的电器	格力电器	美的电器	格力电器
2007 年	6.88%	0.00%	99.98%	99.99%	0.00%	0.00%	0.00%	0.00%
2008 年	14.74%	0.04%	100.00%	99.98%	0.00%	0.00%	0.00%	0.00%
2009 年	2.85%	2.35%	99.63%	99.91%	0.00%	0.00%	0.00%	0.00%
2010 年	2.84%	3.68%	98.12%	96.28%	1.53%	3.59%	35.09%	49.38%
2011 年	9.34%	4.10%	95.76%	96.05%	4.02%	3.86%	30.06%	48.52%
2012 年	9.63%	4.40%	95.18%	98.55%	4.43%	1.23%	31.51%	21.85%
均值	7.71%	2.43%	98.11%	98.46%	1.66%	1.45%	16.11%	23.95%

注：短期借款比例＝短期借款÷负债总额×100%；
流动负债比例＝流动负债÷负债总额×100%；
长期借款比例＝长期借款÷负债总额×100%；
长期借款占全部借款比重＝长期借款÷(短期借款＋长期借款)×100%。

随着金融市场不断开放，融资渠道和融资方式也在逐渐增多，为企业提供了更多的融资工具。表 7-4 为研究期内美的电器与格力电器短期借款、长期借款采取的融资方式。如表 7-4 所示，研究期间，美的电器获得短期借款的融资渠道更为多元化，包括保证借款、贸易融资、信用借款、抵押借款、质押借款等。而格力电器在取得借款时，主要依赖于信用借款和质押借款。可见，与格力电器相比，美的电器需要寻找更多的融资渠道筹集资金，以保证企业发展的资金需求。

表 7-4　美的电器与格力电器借款取得方式汇总

	借款取得方式	
	美的电器	格力电器
短期借款	保证借款(2007,2012 年) 贸易融资(2007—2012 年) 信用借款(2008—2012 年) 抵押借款(2008 年) 质押借款(2010—2012 年)	信用借款(2011 年) 质押借款(2008—2012 年)
长期借款	保证借款(2012 年) 质押借款(2010,2011 年)	信用借款(2010,2011 年) 质押借款(2010—2012 年)

资金成本率是衡量企业筹集资金成本的重要指标。财务报表中，“财务费用”列示的金额是企业在生产经营过程中为筹集资金而发生的筹资费用，包括利息支出、利息收入、汇兑损益、金融机构手续费等；其中，利息支出是通过短期借款、长期借款、应付票据、票据贴现、应付债券等融资支付的利息费用。因此，本书采用利息支出与短期借款、长期借款、应付票据、应付债券之和的比率描述企业的债务融资成本。根据上述方法，可计算出美的电器与格力电器债务融资成本(图 7-2)。

如图 7-2 所示，在本书分析的时间段内美的电器与格力电器债务融资的使用资成本均呈上升趋势，这或与其债务结构有关。如 2010 年后两家企业长期借款增多，导致其资金成本提高。尤其值得注意的是，在 2007—2012 年美的电器的融资成本均高于格力电器，且波动幅度较大。该数据验证了前文(见 4.3.2 节)的研究结果，即私营与国有企业之间存在融资约束差异，私营企业的融资成本更高，融资条件更具约束性。

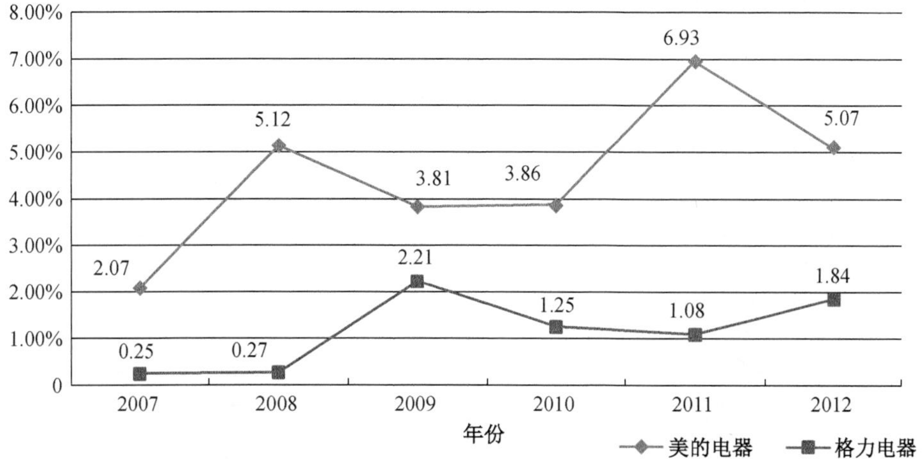

图 7-2　美的电器与格力电器债务融资使用成本

指标说明：债务性融资成本＝利息支出÷(短期借款＋长期借款＋应付票据＋应付债券)×100％

7.3　企业投资情况

通过比较美的电器与格力电器融资情况可知，美的电器的资金成本高于格力电器。以下将通过比较两家企业投资情况，说明融资条件对企业投资行为的影响。

7.3.1　金融资产投资

金融资产是企业拥有的以价值形态存在的资产，主要包括货币资金、交易性金融资产、持有至到期投资、可供出售金融资产、长期股权投资等。金融资产投资能够在市场交易中为其所有者提供即期或远期的货币收入，也就是说，企业可以通过金融资产交易获得投资收益。

通过观察美的电器与格力电器金融资产占总资产的比重的变化趋势(图7-3)可以发现：①两家企业金融资产均呈上升趋势；②格力电器金融资产比例高于美的电器，且波动较大；③2009 年格力电器金融资产比高达 45.94％，其中，货币资金持有量高达 22 904.84 百万元，占资产总额的 44.45％。可见，格力电器的资金更为充裕，在保障自身生产经营正常运转的同时，可以将资金用于购买金融资产并获得收益，这与格力电器融资成本较低、融资规模扩张更快不无关系。

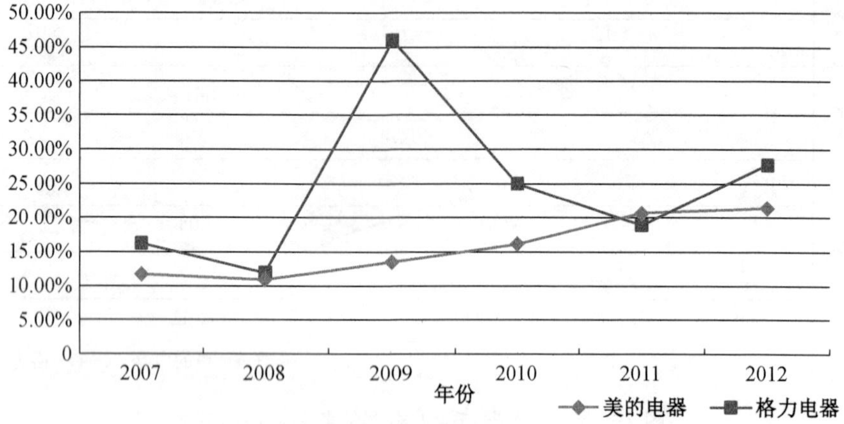

图 7-3 美的电器与格力电器金融资产占总资产的比重

指标说明：金融资产占总资产的比重=(货币资金+交易性金融资产+可供出售金融资产+持有到期投资+长期股权投资)÷资产总额×100%

由此可推断：①2007 年以来，美的电器与格力电器的融资约束均得到缓解；②与美的电器相比，格力电器的融资约束条件更加宽松，并且在特殊情况下(如 2009 年)，该现象更加明显；③格力电器的资金更多地用于金融资产投资，投机性更强。

7.3.2 实物资产投资

实物资产是以物质形式表现，并由投资者所拥有的资产，包括固定资产、存货、易耗品等，这部分资产与企业生产经营直接相关。由于在建工程项目与企业固定资产的新建、改建、扩建，或技术改造、设备更新和大修理工程等活动相关，因此，本文将固定资产与在建工程账面价值合并考虑，并以此分析美的电器与格力电器实物资产的投资情况。

通过观察美的电器与格力电器的固定资产及在建工程账面价值增长率的变化趋势(图 7-4)发现，①观察期内两家企业该指标变化趋势相近，且波动幅度较大；②2008 年“经济过热”期间，美的电器与格力电器的实物资产增幅较大，而 2009 年，两家企业实物资产增速明显放缓；③与格力电器相比，美的电器实物资产投资增速的变化趋势更为贴近于我国经济周期波动；④格力电器固定资产年均增速高于美的电器。

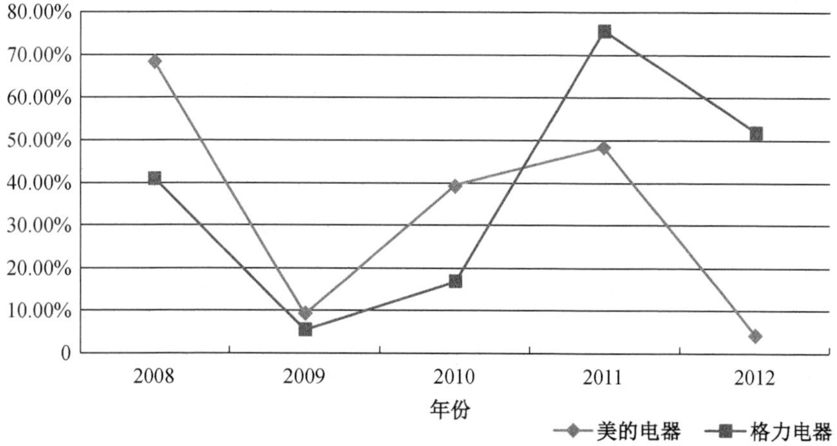

图7-4 美的电器与格力电器固定资产及在建工程增长率

上述现象说明:①实物资产规模变化与行业环境、企业经营计划相关,经济危机过后,随着经济复苏,两家企业固定资产均呈扩张趋势;②实物资产投资与融资情况密切相关,2008年,2010年及2011年曾出现固定资产增速较快现象,同期企业的借款额或股本总额也出现大幅增加(表7-1,表7-2);③与格力电器相比,美的电器对外部经济环境的变化更加敏感;④2009年,格力电器实物资产投资放缓,而金融资产投资却大幅上升(表7-3),这说明该企业将资金投资于金融资产而非固定资产,反映了企业的投机动机。可见,融资规模、经济环境对企业的投资规模有较大影响,这也验证了前文的研究结果,即外部环境的变化会对企业投资规模产生一定的冲击。

在进一步分析美的电器与格力电器固定资产构成(表7-5)时发现,格力电器房屋建筑物的价值及其比重均高于美的电器。这一特征说明格力电器可用于抵押的不动产较多,有利于其获得金融机构贷款。而美的电器的机器设备比重高于格力电器,也就是说,美的电器更倾向于将资金用于购置直接服务于生产活动且价值相对较低的机器设备,反映出企业的扩张性。

企业拥有的房屋建筑物,一部分属于为了生产商品、提供劳务而持有的固定资产,另一部分属于为了赚取租金或资本增值而持有的投资性房地产。表7-5为美的电器与格力电器投资性房地产账面价值的变化趋势。数据显示,格力电器投资性房地产增长率远高于美的电器,尤其是2008年,格力电器投资性房地产账面价值由6.26百万元增加至80.03百万元,同比增长1 177.94%。即使去掉这一奇高年份数据,格力电器投资性房地产年均增长率也高达28.34%,远高于美的电器。

格力电器投资性房地产规模逐年加大，反映出格力电器的资金更为充裕、资金约束更小。

表 7-5 美的电器与格力电器固定资产及投资性房地产相关数据

项目	固定资产构成						投资性房地产增长率	
	房屋建筑物		机器设备		运输设备、电子设备及其他			
企业	美的电器	格力电器	美的电器	格力电器	美的电器	格力电器	美的电器	格力电器
2007 年	43.48%	51.42%	49.79%	43.04%	6.73%	5.54%	—	—
2008 年	44.66%	55.77%	48.39%	38.86%	6.94%	5.37%	−0.99%	1 177.94%
2009 年	46.11%	60.47%	47.07%	34.87%	6.82%	4.66%	−15.25%	42.61%
2010 年	41.60%	55.36%	48.89%	39.41%	9.51%	5.23%	54.35%	50.24%
2011 年	44.61%	55.21%	48.11%	38.83%	7.28%	5.96%	−6.07%	15.26%
2012 年	45.96%	58.69%	48.77%	35.33%	5.27%	5.98%	−23.60%	5.25%
均值	44.40%	56.15%	48.50%	38.39%	7.09%	5.46%	1.69%	258.26%

7.4 企业经营情况

7.4.1 经营规模

1. 企业规模

资产总额、经营收入与员工人数是衡量企业规模的主要指标。如表 7-6 所示，截至 2012 年，美的电器资产总额为 60 899.60 百万元，年均增长率 30.79%；营业收入为68 071.20百万元，年均增长率为 25.57%；员工人数为 67 521 人，年均增速 13.69%。

相比之下，格力电器规模扩张速度更快。2012 年，格力电器资产总额突破千亿，已达 107 566.90 百万元，年均增速为 37.48%；营业收入也由 2007 年的 38 009.18 百万元迅速增长为 99 316.20 百万元，平均年增长率为 25.88%；员工人数为 80 189 人，年均增速 40.60%。

表 7-6　美的电器与格力电器企业规模相关数据

项目	资产总额/百万元		营业收入/百万元		员工人数/人	
企业	美的电器	格力电器	美的电器	格力电器	美的电器	格力电器
2007 年	17 326.20	25 547.96	33 296.55	38 009.18	46 158	23 460
2008 年	23 383.59	30 799.96	45 313.46	42 032.39	40 795	22 141
2009 年	31 657.63	51 530.25	47 278.25	42 457.77	59 654	22 029
2010 年	42 054.04	65 604.38	74 558.89	60 431.63	98 676	62 044
2011 年	59 550.16	85 211.59	93 108.06	83 155.47	66 497	72 671
2012 年	60 899.60	107 566.90	68 071.20	99 316.20	67 521	80 189

可见，这两家大型家电企业在研究期间内取得了快速的发展。同时，格力电器的快速扩张拉大了该企业与美的电器经营规模之间的差异。从之前对两家企业融资情况的分析中不难发现，这一趋势与格力电器拥有更为充裕的资金不无关系。

2. 员工构成

根据美的电器与格力电器 2007—2012 年年度报告中“公司员工情况”数据，可分别计算出两家企业不同层次受教育水平人数占员工总人数百分比的平均值(图 7-5)、不同专业人员占员工总人数百分比的平均值(图 7-6)。如图 7-5 所示，研究期间，美的电器员工中接受过中专及大专教育的员工比例为 59.96%，高于格力电器 20 个百分点；接受过本科及以上教育的员工比例为 12.08%，高于格力电器近三个百分点。可见，美的电器倾向于吸收受过高等教育的员工，这为企业长期发展提供了人才保障。

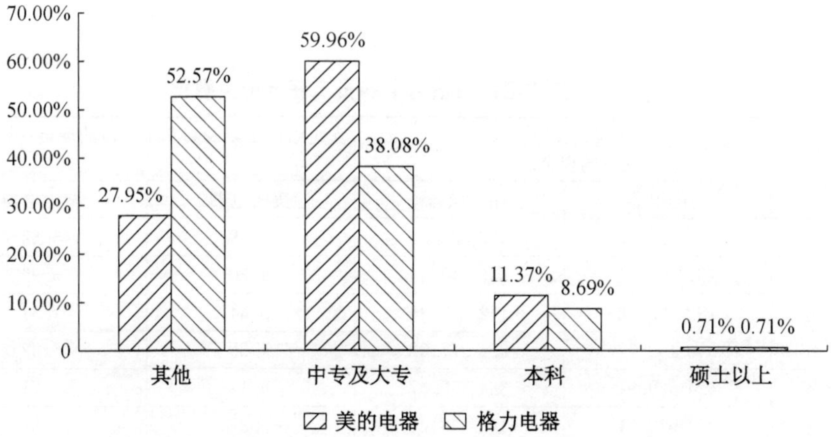

图 7-5　企业不同层次受教育水平人数占员工总人数百分比

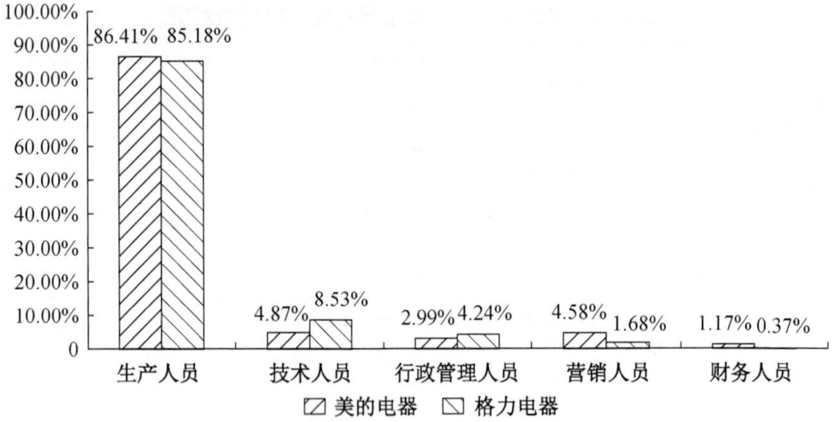

图 7-6 企业不同专业人数占员工总人数百分比

在员工专业构成方面，两家企业生产人员、行政管理人员及财务人员构成比例相近；格力电器技术人员比例比美的电器高出 3.66%；而美的电器的营销人员比例高于格力电器 2.90%(图 7-6)。这反映了美的电器更侧重市场营销，而格力电器更注重技术研发。

由于企业年报中并没有直接列示出职工的人均工资额，本文以企业财务报表现金流量表中“支付给职工以及为职工支付的现金”项目下列示的本期发生额代表企业支付给员工的薪酬与福利，将其除以年均员工数后的结果用来近似企业人均工资水平。表 7-7 中所列的相关数据显示，在观察期间内格力电器年人均工资的均值高于格力电器 1.68 万元/人；同时，美的电器与格力电器的工资水平差距在逐渐缩小。该结果与前文 4.3 节数据描述的结果基本一致，即我国国有工业企业工资水平总体上高于私营工业企业(表 4-4)。

表 7-7 美的电器与格力电器员工薪酬相关数据

项目	支付给职工以及为职工支付的现金/万元		支付给职工以及为职工支付的现金/员工人数/(万元/人)	
企业	美的电器	格力电器	美的电器	格力电器
2007 年	123 190.00	122 004.54	2.89	5.82
2008 年	182 686.04	136 649.40	4.20	5.99
2009 年	192 629.18	162 807.36	3.84	7.37
2010 年	340 459.77	231 977.32	4.30	5.52
2011 年	424 529.91	384 559.37	5.14	5.71
2012 年	394 070.31	448 636.23	5.88	5.87
均值	—	—	4.37	6.05

7.4.2 经营成果

1. 盈利能力

通过观察企业收入与盈利结构比率指标可分析其主营业务集中程度。如表7-8所示，美的电器与格力电器的盈利结构指标均处于较高水平，比如，主营业务收入占比的年平均值已超过92%。这说明两家企业均将资源集中于主要产品的生产和销售活动，主营业务集中度较高。

表7-8 美的电器与格力电器盈利结构相关数据

项目	主营业务收入占比		营业利润占比	
企业	美的电器	格力电器	美的电器	格力电器
2007年	94.07%	94.18%	97.11%	96.39%
2008年	93.42%	93.01%	98.39%	97.21%
2009年	93.74%	92.02%	91.53%	88.00%
2010年	91.11%	93.25%	51.51%	54.32%
2011年	91.25%	92.30%	90.33%	71.77%
2012年	93.47%	91.88%	93.45%	91.60%
均值	92.84%	92.77%	87.05%	83.21%

注：主营业务收入占比＝主营业务收入÷营业总收入×100%；
营业利润占比＝营业利润/利润总额×100%。

通过比较美的电器与格力电器盈利能力比率可以评价两家企业赚取利润的能力，具体数据见表7-9。从净资产收益率来看，无论是美的电器还格力电器都保持了平稳提高的态势，而相对美的电器来说，格力电器净资产收益率更高。因此，两家企业在股东权益相等的情况下，格力电器净利润更高。鉴于两家企业属同一行业，原材料成本应较为相近，而格力电器劳动力成本更高(表7-7)，由此可推断，格力电器的资金成本应更低。

表7-9 美的电器与格力电器盈利比率

项目	净资产收益率		资产报酬率	
企业	美的电器	格力电器	美的电器	格力电器
2007年	32.88%	27.36%	12.88%	6.06%
2008年	23.07%	29.62%	9.44%	7.40%
2009年	25.11%	32.14%	9.94%	6.91%
2010年	27.78%	34.89%	12.23%	6.82%
2011年	21.86%	32.71%	11.01%	6.42%
2012年	15.70%	32.40%	7.27%	7.25%
均值	24.40%	31.52%	10.46%	6.81%

注：净资产收益率＝净利润÷股东权益平均余额×100%；
资产报酬率＝(利润总额＋财务费用)÷平均资产总额×100%。

考察两家企业资产报酬率，同样可以发现在总体上两家企业的资产报酬率同样稳步提高；受经济运行环境的影响，该数据在部分年份有所回落。美的电器的资产报酬率高于格力电器，这说明美的电器资产利用效率、资产的回报更高，同时也反映了该企业在增加收入、节约资金使用等方面表现更佳。整体来看，美的电器与格力电器在盈利性方面表现相当，就部分盈利比率来看，美的电器的表现更好，资产报酬更高。这也验证了前文（第 6 章）的结论，即私营企业资本产出效率更高。

2. 运营能力

通过计算运营性比率可以评价企业对资产的运用能力。美的电器与格力电器的运营比率相关数据见表 7-10。

表 7-10 美的电器与格力电器运营比率

项目	现金及现金等价物周转率		应收账款周转率		存货周转率		固定资产周转率		总资产周转率	
企业	美的电器	格力电器	美的电器	格力电器	美的电器	格力电器	美的电器	格力电器	美的电器	格力电器
2007 年	30.74%	14.02%	27.53%	47.88%	4.86%	4.88%	10.72%	14.63%	2.23%	1.80%
2008 年	30.42%	11.58%	17.35%	57.58%	5.98%	5.61%	10.45%	11.99%	2.10%	1.50%
2009 年	19.57%	6.71%	12.44%	57.37%	6.74%	6.02%	8.82%	9.53%	1.72%	1.03%
2010 年	18.81%	7.47%	16.37%	57.19%	7.64%	5.45%	11.16%	11.92%	2.02%	1.03%
2011 年	9.20%	12.74%	18.35%	68.56%	6.63%	4.69%	10.13%	12.56%	1.83%	1.10%
2012 年	9.65%	7.17%	11.56%	73.52%	4.72%	4.21%	5.86%	9.73%	1.11%	1.03%
均值	30.74%	14.02%	27.53%	47.88%	4.86%	4.88%	10.72%	14.63%	2.23%	1.80%

注：现金及现金等价物周转率＝营业收入÷现金及现金等价物平均余额；
应收账款周转率＝营业成本÷应收账款平均占用额；
存货周转率＝营业成本÷存货平均占用额；
固定资产周转率＝营业收入÷固定资产平均净额；
总资产周转率＝营业收入÷平均资产总额。

提高资产周转速度可以提高企业的盈利水平。从总资产周转率指标上来看，美的电器优于格力电器，因此可以认为美的电器在观察期内资产从投入到产出的流转速度较高，即美的电器单位资产所带来的营业收入高于格力电器。具体而言，①美的电器流动资产的运营能力优于格力电器，反映出美的电器对流动资产的管理能力较强；②格力电器应收账款周转率高于美的电器，反映出格力电器可以较快地从经销商方面收回货款；③美的电器固定资产运营能力略逊于格力电器，其固定资产的利用效率尚有提高空间。由此可推断，虽然美的电器的经营规模小于格力电器，但是前者一方面通过提高资金运营能力，控制资金需求规模；另一方面，加快资产周转速度增强其盈利能力，以扩张销售规模获得竞争优势。美的电器出色的资金运营能力对私营企业提高融资能力、缓解融资约束具有参考价值。

3. 偿债能力

在探讨私营企业融资难问题时，人们常常将原因归结为私营企业偿债能力弱、破产风险高。本书通过计算美的电器与格力电器的偿债能力比率（表 7-11），比较两家企业的短期及长期偿债能力，以此检验私营企业的债务风险是否真的高于国有企业。

通过比较美的电器与格力电器的流动比率、权益乘数、现金流量债务比等指标（表 7-11）可知，两家企业均具有良好的风险控制能力，而且美的电器的偿债能力更好。具体而言，美的电器与格力电器的流动比率相近，表现出良好的短期偿债能力。就权益乘数而言，美的电器的权益乘数低于格力电器，这说明美的电器的负债程度较低，债权人权益受保护的程度较高，企业财务风险较低，还本能力强。美的电器与格力电器的现金流量债务比都比较稳定，说明两家企业具备较强的付息能力。

表 7-11　美的电器与格力电器偿债比率

项目	流动比率		权益乘数		现金流量债务比		利息保障倍数		财务费用
企业	美的电器	格力电器	美的电器	格力电器	美的电器	格力电器	美的电器	格力电器	格力电器
2007 年	1.07%	1.07%	3.06%	4.36%	0.17%	0.17%	7.63%	−131.13%	−9.74%
2008 年	0.86%	1.01%	3.21%	4.03%	0.27%	0.02%	4.22%	24.43%	84.99%
2009 年	1.12%	1.04%	2.49%	4.84%	0.12%	0.30%	12.30%	−29.22%	−97.02%
2010 年	1.11%	1.10%	2.57%	4.68%	0.24%	0.01%	9.71%	−12.93%	−308.96%
2011 年	1.21%	1.12%	2.37%	4.64%	0.10%	0.06%	5.32%	−10.70%	−452.70%
2012 年	1.27%	1.08%	2.22%	3.90%	0.13%	0.25%	13.79%	−15.14%	−461.35%
均值	1.11%	1.07%	2.65%	4.41%	0.17%	0.13%	8.83%	−29.11%	—

注：流动比率＝流动资产÷流动负债；
权益乘数＝资产总计÷所有者权益合计；
现金流量债务比＝经营活动产生的现金流量净额÷负债合计；
利息保障倍数＝（净利润＋财务费用）÷财务费用。

在衡量企业长期偿债能力时，学者们经常选取利息保障倍数反映企业利息支付能力，认为倍数越大，企业支付利息费用的能力越强。如表 7-11 所示，美的电器的利息保障倍数维持在较高水平，仅在受到经济危机冲击的年份出现过回落。值得注意的是，格力电器的利息保障倍数在研究期间内（除 2008 年）均呈负数，进一步分析发现，格力电器历年财务费用为负（表 7-11），原因在于该企业的利息收入远大于其利息支出，也就是说，企业来自银行存款、投资债券或通过其他固定收益方式投资理财所产生的收入高于企业由于从银行贷款或是发行债券等形式进行债务融资所支付的利息。这说明，①规模较大的国有企业资金更为充裕并已出现账面资金过剩；②企业并没有将资金投资在生产经营活动获得营业收入，而是通过让渡资金所有权、投资证券等方式赚取利息收入。

综上所述，案例分析的结论可归纳为以下七点：

(1) 私营与国有企业间确实存在融资约束差异，且融资约束对私营企业比国有企业更具约束力(表 4-3)，体现在美的电器权益性融资及债务性融资的资金成本率均高于格力电器。

(2) 为了满足企业生产经营的资金需求，美的电器需要采取更多的融资渠道筹集资金，这为私营企业缓解融资约束差异提供可借鉴的经验。

(3) 格力电器实物资产投资增速更快、规模扩张更迅速、利息收入远高于其利息支出等现象均证实了国有企业资金更为充裕。

(4) 格力电器金融资产投资波动情况说明国有企业投机性更强，资金使用效率较低。

(5) 美的电器的年人均工资总体上低于格力电器，这与工业部门数据所反映的情况相符，即国有工业企业工资水平高于私营工业企业(表 4-4)。

(6) 美的电器的资产报酬率高于格力电器，说明私营企业资本产出效率更高，这印证了本书第 6 章的结论。

(7) 美的电器的偿债能力优于格力电器，反映出私营企业的财务状况和经营能力未必逊于国有企业。

第 8 章

结论与建议

8.1 结论

目前,中国金融市场上存在与企业所有制有关的“价格歧视”现象,即私营与国有企业之间存在融资约束差异;同时,中国金融机构自身效率偏低,金融体系并未真正发挥调节货币资本供需的作用。上述问题直接影响实体经济的投资决策和投资效果。因此,本书致力于探讨:①在中国现行金融体系内,私营与国有企业的融资约束差异是如何形成的;②在外生的融资约束条件下,私营和国有工业企业的投资决策及其影响因素的异同;③融资约束差异对工业部门的投资总规模、部门增加值以及对部门内不同所有制企业的投资效果会产生怎样的影响。

针对上述问题,本书以新古典主义综合理论为框架,从中国现实出发:①在微观层面上,构建金融机构信贷决策模型,并从中导出私营和国有企业融资约束差异的生成机制以及主要影响因素,分别构建私营和国有企业的生产以及投资决策模型,推出影响两类企业投资决策的主要因素。②在宏观层面上,将融资约束差异的代理变量引入工业部门投资模型,定性和定量分析融资约束差异及其变化对中国工业部门投资规模的影响;通过构建工业部门的生产函数,测算两类不同所有制企业的资本边际产出以反映其投资效果。③采用管理学研究方法,选取两家不同所有制企业进行案例分析,比较二者的投融资行为及经营情况,以验证和充实实证经济学的研究结果。

上述理论研究与经验分析的主要结论如下:

(1) 在中国现行金融体系内,私营与国有企业的融资约束差异的形成原因在于:①金融市场由少数大型国有商业银行所垄断,缺少竞争,使市场分割行为成为可能;②由于财产所有制的不同,向私营企业提供融资服务的风险高于国有企业;③受政策性因素影响,国有商业银行更倾向于为国有企业提供较为优惠的贷款条件。

(2) 企业投资决策一方面取决于经营目标,另一方面取决于融投资环境:①国有企业除了盈利目标外,也具有促增长稳就业的政策性功能,当融资条件相对优惠时,其投资更具扩张性,资本使用效率相应降低;②私营企业追求利润最大化,但由于具有"价格歧视"的融资条件约束,其投资规模受限,表现为资本边际产出要高于国有企业。

(3) 金融发展和金融市场化将缓解私营和国有企业的融资约束差异,这意味着:①私营企业可能会因为融资成本相应降低而扩大投资规模;②国有企业可能因为融资成本相对上升而缩小投资规模。本书构建的工业部门投资行为模型显示,在中国现实条件下的金融发展对工业部门的整体投资规模扩张有积极作用,同时提升工业部门潜在的生产能力。由此可见,推进中国金融市场化有利于经济增长。

(4) 基于本书构建的中国工业部门生产函数可以较为全面地评价金融发展以及消除融资约束差异的产出效果;回归分析结果显示:①中国工业部门尚处于规模报酬递增阶段,消除融资约束差异、降低私营企业融资门槛有利于提高工业部门的整体产出效率;②私营企业的资本边际产出明显高于国有企业,带有"价格歧视"融资约束不仅制约了该部分经济的发展,同时也制约了工业部门的整体发展;③国有企业的资本边际产出低于私营企业,这一差异和融资约束差异不无关系,反映了资源使用的低效率;④近年来,国有企业的资本边际产出呈缓慢回升态,这与伴随投资而来的全要素生产率提升有关;私营企业的资本边际产出则持续下行,原因在于技术进步相对滞后,这或与过严的融资约束造成企业长期投资不足有关。

综上所述,中国现行金融体制内产生的融资约束差异不仅对私营企业的发展起到了制约作用,同时也引起了金融资本的误配和资源的低效率使用,进而导致工业部门生产能力并没有完全释放。深化中国金融改革,推进金融市场化进程可以弱化私营和国有企业之间的融资约束差异,提高要素产出效率,为中国经济增长创造更多的空间。

8.2 建议

金融体系在经济运行尤其是在货币资本向实物资本转换过程中起着不可缺少的中介作用。功能健全的金融体系应该能够以较低的交易成本为企业的投资活动提供融资服务,通过价格信号反映资金的稀缺程度,引导企业高效使用资金,同时也能够在一定程度上制约低效率投资。

本书重点研究融资约束差异问题以及融资约束差异对企业投资行为和效果的影响,研究结果显示:中国现行金融体系距离对一个功能完善或基本完善金融体系的要求尚有距离。

就融资约束差异形成的原因,本书认为:①金融市场上少数大型国有商业银行具有垄断地位,缺少竞争压力是外因;②由于企业财产所有制不同,向国有企业放贷的风险远远低于向私营企业放贷,银行因此而更倾向为国有企业提供融资服务是内因之一;③在现行体制内,私营企业自身筹集与运营资金能力有限是内因之二。要解决融资约束差异问题,应该针对上述外因和内因采取相应的金融改革措施。

1. 继续推进金融市场化进程

完善的金融市场功能体现在两个方面:①要有健全的市场价格形成机制和灵活的市场价格调整机制,能够真实、及时地反映资金供需对比状况和资源的稀缺性;②应该有较充分的竞争,能够规避垄断利润、市场分割和资源配置的低效率问题。

就上述第一点,中国人民银行自 2013 年 7 月起开始全面放开金融机构贷款利率管制,利率市场化改革开始从量变进入质变阶段。2015 年 10 月,中国人民银行进一步放开了对金融机构存款利率的管制。放开贷款利率的意义较放开存款利率更为重要。因为,仅仅放开贷款利率并不能根本解决非国有中、小商业银行所面临的吸收存款难、无力与大型国有商业银行竞争的问题;放开存款利率后,非国有中、小商业银行一方面有可能在吸收存款方面获得机会,另一方面也可以用较优惠的贷款利率争取一定的市场份额。

当然,放开利率管制以后,如何从制度上规避恶性价格竞争是一个不可忽略、亟待通过制定政策法规予以解决的问题。目前,为数众多的私募基金利用不对称信息,采取价格竞争吸取存款,开辟影子贷款市场,且基本不受央行的货币政策工具(如法定最低存款准备金率)影响,已经反映出中国现行金融体系在这方面存在制度漏洞。因此,政府应建立并完善相应的制度性框架,针对特定的金融机构及其活动制定交易规则,使资金供给双方依法交易,既保障交易双方的权益,也规范参与者的行为。

就上述第二点,金融市场化需要有足够多的、行为规范的金融服务供应者,改变金融市场寡头竞争的格局,提高金融市场竞争性。中国金融体系的现状是:一方面,公开市场上大型国有商业银行仍然具有绝对主导地位,其他非国有商业银行基本不具备与前者在同等条件下竞争的能力，市场竞争性和信息对称度不够；另一方面，众多基本不具备从事传统银行业务，也无真正抗风险能力的私募基金则在影子市场上利用无需承担网点成本的优势和信息不透明以及金融管理制度上的漏洞，与公开市场上受制度约束的商业银行“分庭抗礼”，分割市场，大大增加了出现金融风波的风险。要解决上述问题，金融管理部门应改变对灰色金融市场上私募基金无实质性监管、私募基金无序运行的局面，明确民间资本进入金融市场的资质标准，规范监管机制。

与中国国情相符的金融市场参与主体应该包括：①具有执行国家金融政策功能、维持金融秩序和稳定经济运行的国有政策性银行；②现有国有商业银行、混合经济银行或金融机构；③私营（包括外资）银行或金融机构。目前，第三类银行和金融机构的数量和规模都极为有限。针对该问题，政府应减少对金融市场的直接干预，逐渐开放金融市场，降低金融机构的准入门槛，鼓励非国有资金参与银行、证券、保险等金融机构的改组改制；此外，应制定明确、广泛适用的准入规则，使符合条件的民营资本能够顺利进入金融市场。

与利率改革、放松金融管制相伴而生的是金融风险随之提高。因此，需要再次强调制度建设是金融改革的必要保障。同时，政府需要考虑如何防范外部金融冲击，建立健全相应的预警与应对机制，降低大规模投机行为干扰中国经济的正常运行。

2. 建立、健全企业融资担保机制

私营企业融资难问题的原因之一是金融市场缺乏竞争，原因之二是私营企业缺乏可以用以抵押的通用性财产，原因之三是中国尚未形成完善的企业贷款担保机制。较之国有企业，私营企业除了具有所有制“弱势”以外，规模较小、抗风险能力弱也增加了其信贷风险，金融机构通常会提高贷款利率来弥补信贷风险，造成私营企业融资成本上升。因此，建立健全企业贷款担保和财产抵押制度，降低伴随所有制“弱势”而来的信贷风险，是缓解私营企业融资难、支持私营企业发展的可选途径。

首先，政府可以通过立法，委托第三方机构针对私营企业特点开拓相应的担保业务，提供相应服务，如：①扩展担保物范围，可将企业的专利权、商标权、应收账款、生产订单等无形财产纳入担保物权，开展质押贷款为私营企业提供生产经营资金；②建立联合担保机制，规模较小的私营企业可成立联合互保组织，以此集合抵押物、申请贷款；③加强企业信用信息数据库建设，为商业银行提供信用查询、分析服务。

同时，可考虑创建担保信用信息共享平台，为商业性担保机构、担保业务中介机构提供信息服务；对于信用记录良好的私营企业，政策性担保机构为其进行信用担保，为其提供更为充裕的经营资金。

在为私营企业提供担保时，担保机构应建立评价企业经营及信用情况的标准体系，作为私营企业能否能够获得政策性担保机构信用担保的参考依据。担保机构应严格根据信用评价标准体系对企业的信用和经营情况进行打分，并根据得分情况划分不同的信用等级，同时保证定期更新并发布企业信用评级信息。担保机构根据企业信用情况及信贷规模收取一定比例的担保费。

为了分散担保风险，政策性担保机构可将众多私营企业“打包”作为整体为其提供担保服务，以分摊风险。在整合“打包”企业时，担保机构可采取自愿的方式：一方面对企业信用情况进行评级，并将企业的评级结果和资金需求及时发布到融资信息共享平台；另一方面，鼓励企业之间根据彼此的信用和经营情况，自愿结成“被担保联盟”，以“联盟”作为经济主体进行融资，结盟企业之间可相互担保，也可以进行同业拆借。同时，担保机构在对企业提供担保服务时，应及时跟进企业筹集资金的使用情况，监管企业项目进度和收益情况，控制风险。

担保行业风险较大，如果缺少相关法律法规进行防范和监督，将会影响担保机构、相关中介机构及商业银行的正常运营。目前，中国已陆续出台了有关企业担保业务的法律、法规及政策性文件，如《担保法》《物权法》《融资性担保公司管理暂行办法》等。同时，2013 年 9 月，中国融资担保业协会正式成立，将进一步推动行业规范健康发展。当然，目前中国担保行业仍存在许多问题。《中国金融统计年鉴》数据显示，截至 2013 年末，全国共有融资性担保法人机构 8 185 家，其中不乏出现诈骗、恶化金融环境的事件。因此，应尽快完善《担保法》，并充实相关配套法规，制定相关保护物权、监督及评估担保机构的管理办法，保障并规范担保行业相关业务，提高控制水平。融资担保业协会应公开披露不规范的担保业务及有关担保机构、企业、责任人信息，提高担保业务的外部监管力度。

为了保障担保信息的完整性与可信度，应完善资信评级制度体系建设。商业银行、担保机构都有各自内部评级体系，但标准不一，可信度和可比性均有待加强。中国融资担保业协会可集合专业人才针对不同行业、不同规模的私营企业建立相应的信用评级体系，为担保机构提供参考依据。

3. 提高私营企业融资能力

案例分析中，美的电器的融资成本较高，却表现出良好的盈利能力，分析其原因，这和企业良好的资金筹集及运营能力不无关系。在现行的制度条件下，该案例为私营企业提高自身资金使用效率、缓解融资约束差异提供了可借鉴的经验。

在筹集资金方面，企业应根据自身经营情况和未来发展目标，选择适度的融资规模和融资方式。企业在确定融资规模时，应综合考虑现有经营规模、未来发展规划、项目资金需求等具体情况。历史和现时的生产规模、产品结构、销售及盈利情况等都是企业未来发展的基础，在分析以上历史财务信息基础上，对总体融资规模进行评估。同时，企业应对未来企业发展方向、市场动态做出合理判断，结合项目的轻重缓急，规划项目资金投放比例；在计划资金用途的过程中，还应充分考虑企业经营情况和市场风险，在符合法定程序的基础上，对资金用途调整做出预判。企业融资方式主要有权益性融资和债务性融资两种。当发展项目需求资金规模较大时，企业应考虑多种融资渠道相结合的方式筹措资金。对于成长性较好且价值较高的私营企业可考虑在中小企业板、创业板、“新三板”或区域性资本市场通过发行股票融资。而对于多数私营企业，债务性融资仍是外源融资的重要途径。案例分析中，美的电器根据自身情况在不同年份运用不同的借款方式融资，如抵押借款、保证借款、贸易融资等，如 2009 年，美的电器以定期存单质押取得外汇借款的同时，以“美的”商标权为抵押取得中国银行贸易融资。私营企业不妨借鉴美的电器的融资经验，整合自身的资产、优化融资策略、拓宽融资渠道，利用有限的资源满足企业资金需求。

私营企业由于自身原因缺乏信用和担保，很难从银行取得贷款，而融资租赁的方式具有项目融资的特点，对于私营企业来说，该融资方式更容易执行。因此，可以设计生产设备的融资租赁机制，指导企业根据生产项目的预计规模确定融资租赁设备的金额、租赁期及折旧方式。融资租赁机制下，企业的投资支出转变为租赁费用，化整为零，易于决策；而且企业可以降低企业因投资而需融资的需求量，从而缓解自身资金短缺的问题。

融资能力除了筹措资金的能力，还包括运营资金的效率。与国有企业相比，私营企业获得贷款较为困难，融资规模有限。案例分析显示，与格力电器相比虽然美的电器的融资规模较小，但是后者的资本运营效率优于格力电器，并且资产报酬率更高。可见，企业在筹资有困难的情况下，可通过提升资产使用效率获得更高的资本回报。因此，企业应通过分析企业各年财务信息，掌握主营业务构成、产品盈利空间等具体情况，并以此为基础，根据市场需求优化现有产品结构、调整生产布局。并且通过优化资产结构提高资本运营效率、资产周转速度，从而提升企业整体的盈利水平。

同时，在资本运营过程中，私营企业企业应该重视资金使用的风险管控工作。

企业应规范内部控制的流程、程度及人员安排，加强企业重要业务事项和高风险领域的管理要求，为企业可持续发展提供更有效的内部控制支持；加强资金运营及资金管理协同，加强在途资金管理，强化财务分析预测和预警，建立经营预警机制，全面动态监控库存、应收账款、货币资金等风险；进一步推动资产盘活、资源调配，及时清理公司部分闲置资产，提高资产使用效率。

后　记

书稿终告段落，本书从筹备到出版，其间有太多事值得感慨，有太多人需要感谢。

本书是在博士导师冯晓教授悉心指导下完成的。于我而言，冯晓教授既是导师也是家长。教授一直秉承严谨求实、精益求精的治学理念，这对学生产生深刻的影响，永远值得学生学习。教授非常注重理论与实践相结合，常常督促我们夯实经济学理论基础，并用经济学的思路分析中国的现实问题。同时，教授也教导学生做学问需要平心静气、持之以恒，只要坚持在一个研究领域钻研下去，终究会取得成果。该书稿能够完成并出版，离不开教授悉心指导和细致关怀。该书的每一阶段性进展都凝聚了教授大量的心血。教授严谨学术态度和豁达的生活理念，使学生耳濡目染，并深深地影响着我，值得学生一生去学习、践行。

感谢哈尔滨理工大学的吴勃教授、上海海关学院的李红霞教授、哈尔滨工业大学白永平教授、同济大学李岩副教授，以及同济大学经济与管理学院的老师们，本书能够完成，得益于各位老师的无私帮助，在此我想对老师们致以最诚挚的谢意。

感谢同济大学中德工程学院的朱彦元老师，上海师范大学旅游学院的褚玉静博士，同济大学经济与管理学院的方颀博士、董文涛博士以及黄兰瑾、肖磊、周璐、顿倩、白玉洁、李钊、付桂娟、冯明、林馨、杜文颖、张淑婷等同学，有你们的陪伴，让我开心地度过了本书写作期间紧张的学习生活。

感谢李梓、庞锐、刘文广、张延清、董华瑞、史高瀚等家乡的小伙伴们。算来，我们已经相识十七载。每每回到家乡，与你们相聚、聊聊琐事，这让我的生活多了些惬意。

借此机会，感谢父母和亲人们对我的包容、鼓励和支持。此刻，我很想家，很想念你们。无论何时，你们都给予我强大的精神支持，成为我最坚强的后盾。在未来的日子，我会照顾好自己的工作和生活，努力成为一个善良的且有些用处的人，也让家人少一些担忧多一点欣慰。

目前，我在美丽的浙江外国语学院从事教学工作。对我来说，能够在喜欢的城市从事喜欢的工作，是十分幸运的。照顾好自己的生活、完成好自己的工作，或许就是对自己、对社会最大的贡献吧。

再次诚挚地感谢所有关心、帮助与支持过我的人们，祝你们幸福安康！

孙　卓

2018 年 3 月

参考文献

[1] Acemoglu D, Zilibotti F. Was prometheus unbound by chance? Risk, diversification, and growth[J]. Journal of Political Economy, 1997, 105(4): 709-751.

[2] Aghion P, Howitt P. On the macroeconomic effects of major technological change[J]. Annales d'Économie Et De Statistique, 1998(49): 53-75.

[3] Ahmad E, Malik A. Financial sector development and economic growth: an empirical analysis of developing countries[J]. Journal of Cooperation and Development, 2009, 30(1): 17-40.

[4] Allen F, Gale D. Comparing financial systems[M]. Massachusetts: MIT Press, 2001.

[5] Arndt H W. Saving, investment and growth: recent Asian experience[J]. PSL Quarterly Review, 2013, 44(177): 65-71.

[6] Athey M J, Laumas P S. Internal funds and corporate investment in India[J]. Journal of Development Economics, 1994, 45(2): 287-303.

[7] Bagehot W. Lombard street: a description of the money market[M]. Philadelphia: Orion Edition, 1873.

[8] Barro R J. Economic growth in a cross section of countries[M]. NBER Working Paper No. 3120, 1989.

[9] Bassetto C F, Kalatzis A E G. Financial distress, financial constraint and investment decision: evidence from Brazil[J]. Economic Modelling, 2011, 28(1): 264-271.

[10] Beck T. Financial development and international trade: is there a link[M]. Journal of International Economics, 2002, 57(1): 107-131.

[11] Beck T, Demirguc-Kunt A, Levine R. Financial institutions and markets across countries and over time: the updated financial development and structure database[J]. World Bank Economic Review, 2010, 24(1): 77-92.

[12] Beck T, Demirguc-Kunt A, Maksimovic V. Financial and legal constraints to firm growth: does firm size matter[M]. Open Access Publications From Tilburg University, 2005, 60(1): 137-177.

[13] Beck T, Levine R. Stock markets, banks and growth: panel evidence[J]. Bank Finance,

2004(28): 423-442.

[14] Bencivenga V R, Smith B D. Financial intermediation and endogenous growth. Review of Economic Studies, 1991, 58(2): 195-209.

[15] Bolton P, Chen H, Wang N. A unified theory of Tobin's q, corporate investment, financing, and risk management[J]. Social Science Electronic Publishing, 2011, 66(5): 1545-1578.

[16] Boubakri N, Cosset J C, Debab N, et al. Privatization and globalization: an empirical analysis[J]. Journal of Banking & Finance, 2013, 37(6):1898-1914.

[17] Boubakri N, Cosset J C, Fischer K, et al. Privatization and bank performance in developing countries[J]. Journal of Banking & Finance, 2005, 29(8-9): 2015-2041.

[18] Boyd J H, Prescott E C. Financial intermediary-coalitions[J]. Journal of Economic Theory, 1986, 38(2): 211-232.

[19] Boyreau-Debray G, Wei S. Pitfalls of a state-dominated financial system: the case of China [J]. NBER Working Paper, No. 11214, 2005.

[20] Brue S, Grant R. The evolution of economic thought[M]. Mason: Thomson South-Western, 2007.

[21] Buckle M, Thompson J L. The UK financial system: theory and practice [M]. Manchester: Manchester University Press, 1998.

[22] Budina N H, E G, Jong D. Liquidity constraint and investment in transition economies[J]. Economics of Transition, 2000, 8(2): 453-475.

[23] Caballero R J, Hammour M L. Journal of Political Economy. 1998, 106(4): 724-767.

[24] Calderon C, Liu L. The direction of causality between financial development and economic growth[J]. Journal of Development Economics, 2002, 72(3): 321-334.

[25] Caplin A, Leahy J. Business as usual, market crashes, and wisdom after the fact[J]. The American Economic Review, 1994, 84(3): 548-565.

[26] Chakraborty S, Ray T. Bank-based versus market-based financial systems: a growth-theoretic analysis[J]. Journal of Monetary Economics, 2006, 53(2): 329-350.

[27] Chamley C, Gale D. Information revelation and strategic delay in a model of investment[J]. Econometrica, 1994, 62(5): 1065-1085.

[28] Chapman D R, Junor C W, Stegman T R. Cash flow constraints and firms' investment behaviour[J]. Applied Economics, 1996, 28(8): 1037-1044.

[29] Chen S, Sun Z, Tang S, et al. Government intervention and investment efficiency: Evidence from China[J]. Journal of Corporate Finance, 2011, 17(2): 259-271.

[30] Cheng S, Ho C, Hou H. The finance growth relationship and the level of country development[J]. Journal of Financial Services Research, 2014, 45(1): 117-140.

[31] Chow C K W, Song F M, Wong K P. Investment and the soft budget constraint in China [J]. International Review of Economics & Finance, 2010, 19(2): 219-227.

[32] Cihak M, Demirguc-Kunt A, Feyen E, et al. Benchmarking financial systems around the world[J]. Policy Research Working Paper, No. 6175, 2012.

[33] Cihak M, Demirguc-Kunt A, Feyen E, et al. Financial development in 205 economies, 1960 to 2010[J]. Social Science Electronic Publish, 2013, 1(2): 17-36.

[34] Claessens S, Feijen E, Laeven L. Political connections and preferential access to finance: the role of campaign contributions[J]. Journal of Financial Economics, 2008, 88(3): 554-580.

[35] Claessens S, Laeven L. Financial development, property rights and growth[J]. Journal of Finance, 2003, 58(6): 2401-2436.

[36] Conway P, Herd R, Chalaux T. Reforming China's monetary policy framework to meet domestic objectives[J]. OECD Economics Department Working Paper, No. 822, 2010.

[37] Demirguckunt A, Feyen E, Levine R. The evolving importance of banks and securities markets[J]. The World Bank Economic Review, 2012, 27(3): 476-490.

[38] Devereux M, Schiantarelli F. Investment, financial factors and cash flow: evidence from U. K. panel data[J]. Nber Working Paper No,3116, 1989.

[39] Dewatripont M, Maskin E. Credit and efficiency in centralized and decentralized economies [J]. The Review of Economic Studies, 1995, 62(4): 541-555.

[40] Dutta J, Kapur S. Liquidity preference and financial intermediation[J]. Review of Economic Studies, 1998, 65(3): 551-572.

[41] Eakins G, Mishkin S. Financial markets and institutions [M]. Boston: Prentice Hall, 2012.

[42] Fazzari S M, Petersen B C. Working capital and fixed investment: new evidence on financing constraints[J]. Rand Journal of Economics, 1993, 24(3): 328-342.

[43] Fazzari S, Hubbard R G, Petersen B C. Financing constraints and corporate investment [M]. Massachusetts: National Bureau of Economic Research Cambridge, 1988.

[44] Feng X, Zhu Y. Current problems of China economy and challenges of supply-side reform [J]. IEE Working Paper, 2016.

[45] Friedman M. The demand for money: some theoretical and empirical results[M]. The American Economic Review, 1959, 49(2): 525-527.

[46] Geng N, N'Diaye P. Determinants of corporate investment in China: evidence from cross-country firm level data[J]. IMF Working Papers, 2012.

[47] Goldsmith R W. Financial structure and development[M]. New Haven: Yale University Press, 1969.

[48] Greenwood J, Jovanovic B. Financial development, growth and distribution of income[J]. Journal of Political Economy, 1990, 98: 1076-1107.

[49] Greenwood J, Sanchez J M, Wang C. Quantifying the impact of financial development on economic development[J]. Review of Economic Dynamics, 2013, 16(1): 194-215.

[50] Greenwood J, Smith B D. Financial markets in development, and the development of financial markets[J]. Journal of Economic Dynamics & Control, 1995, 21(95): 145-181.

[51] Greenwood J, Wang C, Sanchez J M. Financing development: the role of information costs [J]. American Economic Review, 2010(98): 1875-1891.

[52] Gugler K. Corporate governance, dividend payout policy, and the interrelation between dividends, R&D, and capital investment[J]. Journal of Banking & Finance, 2003, 27(7): 1297-1321.

[53] Hansen A H. Monetary theory and fiscal policy [M]. New York: McGraw-Hill Kogakusha, Ltd, 1949.

[54] Hansen A H. Business cycles and national income[M]. New York: W. W. Norton & Compay, INC. , 1951.

[55] Hansen A H. A guide to Keynes[M]. New York: McGraw-Hill Kogakusha, Ltd, 1953.

[56] Hart O. Firms, contracts, and financial structure[M]. Oxford: Clarendon Press, 1995.

[57] Herrerias Maria J. ,Orts Vicente,Herrerias Maria J. 中国的设备投资与经济开放[M]. 世界经济文汇, 2009, 4: 3.

[58] Hicks J R. Mr. Keynes and the "Classics": a suggested interpretation[J]. Econometrica, 1937, 5(2): 147-159.

[59] Hu X, Schiantarelli F. Investment and capital market imperfections: a switching regression approach using U. S. firm panel data[J]. The Review of Economics and Statistics, 1998, 80(3): 466-479.

[60] Islam S S, Mozumdar A. Financial market development and the importance of internal cash: evidence from international data[J]. Journal of Banking & Finance, 2007, 31(3): 641-658.

[61] Jensen M C, Meckling W. Theory of the firm: managerial behaviour, agency costs and ownership structure[J]. Journal of Financial Economics, 1976, 3(1): 305-360.

[62] Kang Q, Liu Q, Qi R. The Sarbanes-Oxley act and corporate investment: a structural assessment[J]. Journal of Financial Economics, 2010, 96(2): 291-305.

[63] Kashyap A K, Lamont O A, Stein J C. Credit conditions and the cyclical behavior of inventories[J]. Quarterly Journal of Economics, 1994, 109(3): 565-592.

[64] Kendall J. Local financial development and growth[J]. Journal of Banking & Finance, 2012, 36(5): 1548-1562.

[65] King R G, Levine R. Finance, entrepreneurship and growth[J]. Journal of Monetary Economics, 1993, 32(93): 513-542.

[66] King R G, Levine R. Finance and growth: Schumpeter might be right[J]. The Quarterly Journal of Economics, 1993, 108(3): 717-737.

[67] Kiyotaki N, Moore J. Credit cycle[J]. Journal of Political Economy, 1997, 105(2): 211-248.

[68] La Porta R, Lopez-De-Silanes F, Shleifer A, et al. Legal determinants of external finance?[J]. Social Science Electronic Publishing, 1997, 52(3): 1131-1150.

[69] LaPorta R, Lopez-De-Silanes F, Shleifer A, et al. The quality of goverment[J]. Social Science Electronic Publishing, 1998, 15(1): 222-279.

[70] Laeven L. Does financial liberalization reduce financing constraints? [J]. Financial Management, 2003, 32(1): 5-34.

[71] Laeven L, Levine R, Michalopoulos S. Financial innovation and endogenous growth[J]. Journal of Financial Intermediation, 2015, 24(1): 1-24.

[72] Leahy J, Caplin A. Sectoral shocks, learning, and aggregate Fluctuations[J]. Review of Economic Studies, 1993, 60(4): 777-794.

[73] Levine R. Stock markets, growth and tax policy[J]. Social Science Electronic Publishing, 1991, 70(1): 373-418.

[74] Levine R. Financial development and economic growth: views and agenda[J]. Journal of Economic Literature, 1997, 35(2): 688-726.

[75] Levine R. Bank-cased or market-based financial systems: which is better ?[J]. Journal of Financial Intermediation, 2002, 11(4): 398-428.

[76] Levine R. Finance and growth: theory and evidence[J]. NBER Working Paper, No. W10766, 2005.

[77] Levine R, Loayza N, Beck T. Financial intermediation and growth: causality and causes [J]. Journal of Monetary Economics, 2000, 46(1): 31-77.

[78] Levine R, Zervos S. Stock markets, banks, and economic growth[J]. American Economic Review, 1998(3): 537-558.

[79] Levine R, Zervos S. Stock market development and long-run Growth[J]. The American Economic Review, 1999, 88(3): 537-558.

[80] Li H, Zhou L A. Political turnover and economic performance: the incentive role of personnel control in China[J]. Journal of Public Economics, 2005, 89(9): 1743-1762.

[81] Liu Q, Siu A. Institutions and corporate investment: evidence from investment-implied return on capital in China[J]. Journal of Financial and Quantitative Analysis, 2012, 46(6): 1831-1863.

[82] Love I. Financial development and financial constraints[J]. Review of Financial Studies, 2003(16): 765-791.

[83] Lucas R E J. Is there a human capital approach to income inequality ?[J]. Journal of Human Resources, 1977, 12(3): 387-396.

[84] Lucas R E. On the mechanics of economic development [J]. Journal of Monetary Economics, 1988, 22(1): 3-42.

[85] Mcconnell J J, Servaes H. Additional evidence on equity ownership and corporate value [J]. Journal of Financial Economics, 1990, 27(2): 595-612.

[86] Mckinnon R I. Money and capital in economic development[M]. Washington, D. C. : The Brookings Institution, 1973.

[87] Merton R C. Financial innovation and economic perfomance[J]. Journal of Applied Corporate Finance, 1992, 4(4): 12-22.

[88] Merton R C, Bodie Z. A conceptual framework for analyzing the financial environment. The global financial System: a functional perspective[M]. Boston: Harvard Business School Press, 1995.

[89] Merton R C, Bodie Z. The design of financial systems: towards a synthesis of function and structure[J]. NBER Working Paper, 2004, No. 10620.

[90] Modigliani F, Miller M. The cost of capital, corporation finance and the theory of investment[J]. American Economic Review, 1958, 48(3): 261-297.

[91] Morck R, Shleifer A, Vishny R W. Management ownership and market valuation[J]. Journal of Financial Economics, 1988, 20: 293-315.

[92] Myers S C, Majluf N S. Corporate financing and investment decisions when firms have information that investors do not have[J]. Journal of Financial Economics, 1984, 13(2): 187-221.

[93] Naceur B S B, Ghazouani S. Stock markets, banks, and economic growth: empirical evidence from MENA region[J]. Research in International Business & Finance, 2007, 21: 297-315.

[94] Nain M Z, Kamaiah B. Financial development and economic growth in India: some evidence from non-linear causality analysis[J]. Economic Change & Restructuring, 2014, 47(4): 299-319.

[95] Pang J, Wu H. Financial markets, financial dependence, and the allocation of capital[J]. Journal of Banking & Finance, 2009, 33(5): 810-818.

[96] Poncet S, Steingress W, Vandenbussche H. Financial constraints in China: firm-level evidence[J]. China Economic Review, 2010, 21(3): 411-422.

[97] Pradhan R P, Tripathy S, Chatterjee D, et al. Development of banking sector and

economic growth: the ARF experience[J]. Decision, 2014, 41(3): 245-259.

[98] Qian Y, Roland G. Federalism and the soft budget constraint[J]. American Economic Review, 1998, 88(5): 1143-1162.

[99] Rajan R G, Zingales L. Financial dependence and growth[J]. The American Economic Review, 1998, 88(3): 559-586.

[100] Rioja F, Valev N. Does one size fit all: a reexamination of the finance and growth relationship[J]. Journal of Development Economics, 2004, 74(2):429-447.

[101] Romer P M. Increasing returns to long-run growth[J]. Journal of Political Economy, 1986, 94(5): 1002-1037.

[102] Schumpeter J. The theory of economic development: an inquiry into profits, capital, credit, interest and the business cycle[M]. Cambridge: Harvard University Press, 1911.

[103] Shaw E S. Financial deepening in economic development[M]. Oxford: Oxford University Press, 1973.

[104] Shleifer A, Vishny R W. Politicians and firms[J]. Quarterly Journal of Economics, 1994, 109(4): 995-1025.

[105] Shleifer A, Vishny R W. The grabbing hand: government pathologies and their cures[J]. American Economic Association Papers & Proceedings, 1998, 87(2): 354-358.

[106] Smit H, Ankum L A. A real options and game-theoretic approach to corporate investment strategy under competition[J]. Financial Management, 1993, 22(3): 241-250.

[107] Song H, Liu Z, Jiang P. Analysing the determinants of China's aggregate investment in the reform period[J]. China Economic Review, 2001, 12(2-3): 227-242.

[108] Statistics Department. Financial soundness indicators: compilation guide [M]. Washington D. C. : International Monetary Fund, 2006.

[109] Sun L. Estimating investment functions based on cointegration: the case of China[J]. Journal of Comparative Economics, 1998, 26(1): 175-191.

[110] Wagner A. Classics in the theory of public finance [M]. New York: St-Martin's Press, 1958.

[111] Wurgler J. Financial markets and the allocation of capital [J]. Journal of Financial Economics, 2000, 58(1): 187-214.

[112] Zhu Y, Feng X. China's national production function since 1997: a reinvestigation[M]. London: 2014.

[113] Zver'Kov A I, Zver'Kova T N. Financial intermediaries: functions, stages and motives of expansion[J]. Financial Analytics, 2014(37): 13.

[114] 安强身,彭伟华. 中国转轨经济中的金融低效与经济高增长悖论解析——基于金融非正规漏损视角[J]. 现代经济探讨,2010, 10:60-63.

[115] 白重恩,钱震杰,武康平. 中国工业部门要素分配份额决定因素研究[J]. 经济研究, 2008, 8:16-28.

[116] 曹廷求,张光利. 市场约束、政府干预与城市商业银行风险承担[J]. 金融论坛,2011, 2:3-14.

[117] 曹啸,吴军. 我国金融发展与经济增长关系的格兰杰检验和特征分析[J]. 财贸经济,2002, 5:40-43.

[118] 曾爱民,张纯,魏志华. 金融危机冲击、财务柔性储备与企业投资行为——来自中国上市公司的经验证据[J]. 管理世界,2013, 4:107-120.

[119] 曾会生. 该不该,中小企业贷款利率上浮 30%[N]. 中国经济时报, 2012/1/5(2).

[120] 陈诗一. 中国工业分行业统计数据估算:1980—2008[J]. 经济学(季刊),2011, 3:735-776.

[121] 陈时兴. 中国产业结构升级与金融发展关系的实证研究[C]//第八届中国软科学学术年会论文集,2011:72-78.

[122] 陈伟国,张红伟. 金融发展与经济增长——基于 1952—2007 年中国数据的再检验[J]. 当代经济科学,2008, 3:49-56.

[123] 陈志斌,范圣然. 政府质量、市场化程度与现金—现金流敏感性——来自后金融危机时期的经验证据[J]. 审计与经济研究,2015, 2:52-60.

[124] 成力为,严丹,戴小勇. 金融结构对企业融资约束影响的实证研究——基于 20 个国家制造业上市公司面板数据[J]. 金融经济学研究,2013, 28(1):108-119.

[125] 程仲鸣,夏新平,余明桂. 政府干预、金字塔结构与地方国有上市公司投资[J]. 管理世界, 2008(9):37-47.

[126] 褚国庆,刘诗怡,刘桂荣. 我国商业银行效率动态变化及影响因素研究——基于 DEA-Malmquist 指数模型[J]. 现代商业,2015, 20:188-191.

[127] 褚玉静. 中国家庭部门储蓄行为与企业部门投资行为及其协调机制研究[D]. 上海:同济大学, 2018.

[128] 樊瑛,袁强,方福康. 中国经济增长中资本——产出比分析[J]. 北京师范大学学报(自然科学版),1998, 1:131-134.

[129] 范建双,虞晓芬,赵磊. 中国国有、私营和外资工业企业地区间效率差异研究[J]. 数量经济技术经济研究,2015, 6:21-38.

[130] 冯巍. 内部现金流量和企业投资——来自我国股票市场上市公司财务报告的证据[J]. 经济科学,1999, 1:52-58.

[131] 冯晓. 中国经济现状倒逼"中国制造 2025"加速落地[OL]. [2015-10-12]. http://www.amdaily.com/Policy/MadeChina/898.html? from=groupmessage&isappinstalled=0.

[132] 冯晓,朱彦元,杨茜. 基于人力资本分布方差的中国国民经济生产函数研究[J]. 经济学(季刊),2012, 2:559-594.

[133] 葛新元,陈清华,袁强,等. 中国经济 6 部门资本产出比分析[J]. 北京师范大学学报(自然

科学版),2000(2):178-180.

[134] 郭建强,白锐锋.融资约束与企业投资行为——基于证券市场最新数据的实证研究[J].山西财经大学学报,2007,29(12):85-90.

[135] 郭建强,张建波.不确定性、融资约束与企业投资新特点——基于上市公司的实证研究[J].当代财经,2009,2:55-60.

[136] 郝书辰,田金方,陶虎.国有工业企业效率的行业检验[J].中国工业经济,2012(12):57-69.

[137] 郝颖,刘星,伍良华.基于内部人寻租的扭曲性过度投资行为研究[J].系统工程学报,2007,2:128-133.

[138] 何光辉,杨咸月.融资约束对企业生产率的影响[J].数量经济技术经济研究,2012,5:10-15.

[139] 何源,白莹,文翘翘.负债融资、大股东控制与企业过度投资行为[J].系统工程,2007,3:61-66.

[140] 胡建雄,谈咏梅.企业自由现金流、债务异质性与过度投资——来自中国上市公司的经验证据[J].山西财经大学学报,2015,9:113-124.

[141] 黄福广,周杰,刘建.上市公司股权结构对投资决策的影响实证研究[J].天津财经学院学报,2005,10(10):23-27.

[142] 黄勇峰,任若恩,刘晓生.中国制造业资本存量永续盘存法估计[J].经济学(季刊),2002,1:377-396.

[143] 江伟,李斌.金融发展与企业债务融资[J].中国会计评论,2006,2:255-276.

[144] 黎欢,龚六堂.金融发展、创新研发与经济增长[J].世界经济文汇,2014,2:1-16.

[145] 李金,李仕明,严整.融资约束与现金-现金流敏感度——来自国内A股上市公司的经验证据[J].管理评论,2007(3):53-57.

[146] 李萌,高波."银行主导"或"市场主导"金融体系结构:文化视角的解释[J].江苏社会科学,2014,3:54-62.

[147] 李苗苗,肖洪钧,赵爽.金融发展、技术创新与经济增长的关系研究——基于中国的省市面板数据[J].中国管理科学,2015,2:162-169.

[148] 李敏波,王一鸣.双轨制、价格市场化与总量投资分析[J].经济学(季刊),2008,1:93-110.

[149] 李强,徐康宁.金融发展、实体经济与经济增长——基于省级面板数据的经验分析[J].上海经济研究,2013,9:3-11.

[150] 李仁君.中国三次产业的资本存量测算[J].海南大学学报(人文社会科学版),2010,2:47-52.

[151] 李胜楠,牛建波.上市公司负债水平与投资支出关系的实证研究[J].证券市场导报,2005,3:44-48.

[152] 李卫平.国有企业的政策定位和公共企业的立法思考[J].新疆大学学报(哲学社会科学

版),2006,2:48-51.

[153] 李勇,郭丽丽.国有企业的就业拖累效应及其门槛特征[J].财经研究,2015,2:135-144.

[154] 李字娜,贾可.国有企业双重经营目标辩证分析[J].合作经济与科技,2014,2:21-22.

[155] 梁东黎.我国工业不同经济类型产能利用的宏观非一致性研究:基于资本产出比的视角[J].南京工业大学学报(社会科学版),2013,1:90-97.

[156] 梁琪,滕建州.我国金融发展与经济增长之因果关系研究[J].财贸经济,2006,7:34-38.

[157] 刘朝晖.外部套利、市场反应与控股股东的非效率投资决策[J].世界经济,2002,7:71-79.

[158] 刘俊山.银行主导型金融体系决定商业银行是银行间债券市场主要持有者[N].金融时报,2015-08-06.

[159] 刘小玄,刘芍佳.双重目标的企业行为模型——兼论我国宏观经济运行的微观基础[J].经济研究,1998(11):34-42.

[160] 刘星,杨亦民.融资结构对企业投资行为的影响——来自沪深股市的经验证据[J].预测,2006(3):33-37.

[161] 刘兴云,王金飞.政府干预下治理结构与过度投资关系的实证研究——来自沪深A股国有上市公司的经验数据[J].山东社会科学,2013,8:59-64.

[162] 刘志远,张西征.投资/现金流敏感性能反映公司融资约束吗?——基于外部融资环境的研究[J].经济管理,2010,5:105-112.

[163] 陆荣,王曦.制度演进与投资膨胀:一个不确定性下的转型期投资模型[C].2009年全国博士生学术会议论文集,2009.

[164] 陆宇建,洪义曼.货币紧缩政策对上市公司投资行为的影响[J].经济问题探索,2013,1:180-185.

[165] 罗党论,唐清泉.中国民营上市公司制度环境与绩效问题研究[J].经济研究,2009(2):106-118.

[166] 罗时空,周亚虹.房价影响企业投资吗:理论与实证[J].财经研究,2013,8:133-144.

[167] 马智利,周翔宇.中国金融发展与产业结构升级关系的实证研究[J].上海金融,2008,2:18-21.

[168] 宁彦君.金融发展与企业融资约束[D].广州:暨南大学,2011.

[169] 欧阳日辉.中国经济发展和体制改革报告:中国改革开放30年[M].北京:社会科学文献出版社,2008.

[170] 潘敏,金岩.信息不对称、股权制度安排与上市企业过度投资[J].金融研究,2003,1:36-45.

[171] 庞晓波,赵玉龙.我国金融发展与经济增长的弱相关性及其启示[J].数量经济技术经济研究,2003,9:47-51.

[172] 钱震杰.中国工业企业投资的融资约束研究[J].清华大学学报(哲学社会科学版),2006,1:21-29.

[173] 裘益政. 政治关系、预算软约束与过度投资——基于民营上市公司的经验证据[J]. 商业经济与管理,2014,3(3):88-96.

[174] 屈文洲,谢雅璐,高居先. 信息不对称、流动性与股权结构——基于深圳证券市场的实证研究[J]. 南开管理评论,2011,14:44-53.

[175] 饶华春. 中国金融发展与企业融资约束的缓解——基于系统广义矩估计的动态面板数据分析[J]. 河北经贸大学学报,2009,9:156-164.

[176] 任晓怡. 我国中部地区金融效率测试及效率差异研究[J]. 会计与经济研究,2015,1:103-112.

[177] 申慧慧,于鹏,吴联生. 国有股权、环境不确定性与投资效率[J]. 经济研究,2012(7):113-126.

[178] 沈红波,寇宏,张川. 金融发展、融资约束与企业投资的实证研究[J]. 中国工业经济,2010,6:55-64.

[179] 盛明泉,李昊. 预算软约束、过度投资与股权再融资[J]. 中南财经政法大学学报,2010,4:84-90.

[180] 孙铮,刘凤委,李增泉. 市场化程度、政府干预与企业债务期限结构——来自我国上市公司的经验证据[J]. 经济研究,2005(5):52-63.

[181] 唐雪松,周晓苏,马如静. 政府干预、GDP 增长与地方国企过度投资[J]. 金融研究,2010,8:33-48.

[182] 汪办兴,汪兴隆. 中国金融体系选择与经济增长关系的比较研究——文献评述与一个简单内生增长模型的分析[J]. 当代经济科学,2006,28(1):27-34.

[183] 汪强,林晨,吴世农. 融资约束、公司治理与投资—现金流敏感性——基于中国上市公司的实证研究[J]. 当代财经,2008,12:104-109.

[184] 王聪,谭政勋. 我国商业银行效率结构研究[J]. 经济研究,2007,7:110-123.

[185] 王姣. 金融发展、产权性质与融资约束[D]. 成都:西南财经大学,2011.

[186] 王玲. 中国工业行业资本存量的测度[J]. 世界经济统计研究,2004,1:16-25.

[187] 王曦. 经济转型中的投资行为与投资总量[J]. 经济学(季刊),2005,4:129-146.

[188] 王曦,舒元,才国伟. 我国国有经济的双重目标与 TFP 核算的微观基础[J]. 经济学(季刊),2007,1:25-38.

[189] 王艳林,祁怀锦,邹燕. 金融发展、融资约束与现金—现金流敏感性[J]. 上海金融,2012,3(3):8-14.

[190] 王义中,宋敏. 宏观经济不确定性、资金需求与公司投资[J]. 经济研究,2014(2):4-17.

[191] 王毅. 用金融存量指标对中国金融深化进程的衡量[J]. 金融研究,2002,1:82-92.

[192] 王永剑. 基于金融发展视角的中国资本配置效率研究[D]. 杭州:浙江大学,2011.

[193] 王争,史晋川. 中国私营企业的生产率表现和投资效率[J]. 经济研究,2008,1:114-126.

[194] 魏路,吕守军. 公共经济学[M]. 上海:上海交通大学出版社,2010.

[195] 武志.金融发展与经济增长:来自中国的经验分析[J].金融研究,2010,5:58-68.
[196] 熊鹏,王飞.中国金融发展对经济增长内在传导渠道研究——基于内生增长理论的实证比较[J].财经研究,2007,12:68-76.
[197] 徐青娇,陈靖.银行导向型和市场导向型金融体系的灰色关联分析[J].科技经济市场,2007,3:85.
[198] 徐晓东,张天西.公司治理、自由现金流与非效率投资[J].财经研究,2009,10:47-58.
[199] 许世琴.商业银行业务实验教程[M].成都:西南财经大学出版社,2013.
[200] 鄢萍.资本误配置的影响因素初探[J].经济学(季刊),2012,2:489-520.
[201] 闫丽瑞,田祥宇.金融发展与经济增长的区域差异研究——基于我国省际面板数据的实证检验[J].宏观经济研究,2012,3:99-105.
[202] 杨茜.基于产业生产函数的中国劳动力跨产业转移经济效果研究[D].上海:同济大学,2013.
[203] 杨兴全,张照南.治理环境、控制权与现金流权分离及现金持有量——我国民营上市公司的实证研究[J].审计与经济研究,2010,1:66-72.
[204] 姚耀军,董钢锋.中小银行发展与中小企业融资约束——新结构经济学最优金融结构理论视角下的经验研究[J].财经研究,2014,40(1):105-115.
[205] 易纲,吴有昌.现代经济学管理学教科书系列:货币银行学[M].上海:上海人民出版社,2014.
[206] 于蔚,金祥荣,钱彦敏.宏观冲击、融资约束与公司资本结构动态调整[J].世界经济,2012,3:24-47.
[207] 俞乔,陈剑波,杨江,等.非国有企业投资行为研究[J].经济学(季刊),2002(2):501-520.
[208] 袁云峰,曹旭华.金融发展与经济增长效率的关系实证研究[J].统计研究,2007,24(5):60-66.
[209] 张安毅.论公益性国有企业概念的理论缺陷与公共企业制度的建立——以中国国企分类改革为背景[J].东疆学刊,2014,4:90-94.
[210] 张栋,杨淑娥,杨红.第一大股东股权、治理机制与企业过度投资——基于中国上市公司Panel Data的研究[J].当代经济科学,2008,4:62-72.
[211] 张健华.我国商业银行效率研究的DEA方法及1997—2001年效率的实证分析[J].金融研究,2003,3:11-25.
[212] 张军,章元.对中国资本存量K的再估计[J].经济研究,2003(07):35-43.
[213] 张敏,张胜,申慧慧,等.政治关联与信贷资源配置效率——来自我国民营上市公司的经验证据[J].管理世界,2010,22(11):143-153.
[214] 张宁.上市公司融资约束的大股东代理问题研究[J].兰州学刊,2007,8:115-116.
[215] 张祥建,郭丽虹,徐龙炳.中国国有企业混合所有制改革与企业投资效率——基于留存国有股控制和高管政治关联的分析[J].经济管理,2015,9:132-145.

[216] 张夷. 银行主导型还是市场主导型——对金融结构划分理论的思考[J]. 现代营销(学苑版),2015(2):70-71.

[217] 章贵桥,陈志红. 宏观货币政策、融资约束与现金-现金流敏感性[J]. 金融经济学研究,2013,3:12-24.

[218] 章晓霞,吴冲锋. 融资约束影响我国上市公司的现金持有政策吗——来自现金-现金流敏感度的分析[J]. 管理评论,2006,10:59-62.

[219] 赵剑锋,尹航. 沪市公司内部融资约束、现金流与投资行为分析[J]. 生产力研究,2006,8:66-68.

[220] 郑江淮,何旭强,王华. 上市公司投资的融资约束——从股权结构角度的实证分析[J]. 金融研究,2001,11:92-99.

[221] 郑军,林钟高,王颖. 政府干预、内控质量与银行信贷资源配置——来自中国上市公司的经验证据[J]. 安徽大学学报(哲学社会科学版),2014(1):138-146.

[222] 周立. 改革期间中国国家财政能力和金融能力的变化[J]. 财贸经济,2003,4:44-51.

[223] 朱彦元. 基于人力资本分布方差的我国国民经济生产函数研究[D]. 上海:同济大学,2011.

[224] 邹宏元,文博. 从不同金融体系的成因谈我国金融体系发展的方向[J]. 经济体制改革,2005,2:142-144.

附录 A

金融业人力资本均值相关数据

表 A　金融业就业人员受教育程度构成

指标 年份	未上过学 a_0	小学 a_1	初中 a_2	高中 a_3	大学专科 a_4	大学本科 a_5	研究生 a_6
	(1)	(2)	(3)	(4)	(5)	(6)	(7)
2002	1.40%	2.90%	12.20%	37.10%	34.90%	10.70%	0.90%
2003	0.90%	3.50%	11.50%	34.60%	34.60%	14.30%	0.60%
2004	1.10%	9.60%	22.20%	24.10%	27.90%	14.20%	0.90%
2005	0.12%	1.40%	11.71%	31.67%	34.97%	18.67%	1.47%
2006	0.00%	1.18%	12.60%	28.08%	37.03%	19.72%	1.38%
2007	0.20%	1.30%	13.80%	28.80%	36.60%	18.10%	1.40%
2008	0.00%	1.52%	13.78%	28.48%	33.28%	20.85%	2.06%
2009	0.10%	1.30%	12.30%	26.70%	34.20%	23.60%	1.90%
2010	0.05%	1.19%	11.97%	24.20%	32.64%	27.08%	2.87%
2011	0.10%	3.20%	22.60%	21.70%	26.90%	23.50%	2.00%
2012	0.20%	2.60%	19.80%	23.40%	28.30%	23.40%	2.30%
2013	0.07%	2.61%	19.11%	20.83%	27.46%	27.31%	2.61%

数据来源:《中国劳动统计年鉴》。

附录 B　商业银行资产数据

B.1　商业银行构成

目前,中国商业银行主要包括大型商业银行、股份制商业银行、城市商业银行等。其中大型商业银行共有 5 家,包括中国工商银行、中国农业银行、中国银行、中国建设银行、交通银行;股份制商业银行为 12 家,包括中信银行、光大银行、华夏银行、广发银行、平安银行、招商银行、浦发银行、兴业银行、民生银行、恒丰银行、浙商银行、渤海银行。

B.2　大型商业银行资产数据

表 B-1　大型商业银行资产数据　　单位:亿元

年份 \ 商业银行	中国工商银行	中国农业银行	中国银行	中国建设银行	交通银行	合计
	(1)	(2)	(3)	(4)	(5)	(6)
1998	32 387.38	20 224.30	24 753.93	19 236.46	4 839.23	98 954.24
1999	35 398.66	22 758.35	26 180.90	22 010.65	5 380.50	108 870.78
2000	39 737.37	21 848.85	26 851.13	25 316.95	6 281.82	116 924.55
2001	43 180.71	25 279.90	25 965.10	27 523.72	6 613.89	125 624.18
2002	64 572.39	29 765.66	28 540.51	30 831.95	7 668.74	158 258.22
2003	52 791.20	34 940.16	32 508.86	35 530.70	9 286.33	163 961.61
2004	49 734.77	40 137.69	34 896.39	39 440.39	11 386.34	174 438.65
2005	64 572.39	47 710.19	39 440.39	45 857.42	14 234.39	209 788.78
2006	75 094.89	53 636.28	44 076.00	54 485.11	17 157.01	240 737.76
2007	86 842.88	53 034.80	50 102.77	65 981.77	21 029.31	271 531.58
2008	97 576.54	70 124.41	60 738.47	75 554.52	26 723.51	322 659.60
2009	117 850.53	88 811.55	77 711.53	96 233.55	32 397.10	404 284.98
2010	134 586.22	103 386.52	91 085.39	108 103.17	39 418.18	465 423.61
2011	154 768.68	116 661.36	104 788.37	122 818.34	46 111.77	531 869.07

数据来源:《中国金融统计年鉴》及本文作者计算。

B.3 股份制商业银行资产数据

表 B-2 股份制商业银行资产数据

单位:亿元

年份＼商业银行	中信银行	光大银行	华夏银行	民生银行	广发银行	平安银行	招商银行	兴业银行	浦发银行	恒丰银行	浙商银行	渤海银行	合计
	(1)	(2)	(3)	(4)	(5)	(6)	(7)	(8)	(9)	(10)	(11)	(12)	(13)
1998	1 336.08	747.28	498.69	252.35	1 069.25	390.08	1 380.80	355.78	849.26	76.29	—	—	6 955.85
1999	1 573.44	1 678.93	611.31	363.08	1 208.38	439.12	1 624.80	491.83	1 016.43	83.58	—	—	9 090.89
2000	2 352.85	2 041.96	951.07	697.15	1 487.39	660.06	2 195.08	856.13	1 297.41	128.34	—	—	12 667.44
2001	3 003.96	2 654.05	1 358.50	1 388.98	1 912.02	1 201.27	2 663.31	1 248.41	1 736.91	149.49	—	—	17 316.90
2002	3 351.63	3 192.16	1 781.46	2 436.62	2 191.77	1 661.66	3 716.60	1 910.63	2 793.01	156.56	—	—	23 192.10
2003	4 198.03	3 944.23	2 468.29	3 610.64	3 017.23	1 934.53	5 038.93	2 599.99	3 710.57	202.76	103.07	—	30 828.27
2004	5 050.10	4 164.36	3 043.26	4 453.99	3 445.11	2 044.43	5 868.74	3 399.61	4 555.32	272.44	103.07	—	36 400.43
2005	5 949.93	5 155.57	3 559.21	5 575.05	3 563.54	2 223.25	7 346.13	4 750.94	5 735.23	369.71	218.46	—	44 447.02
2006	7 068.59	5 961.17	4 452.87	7 250.57	3 739.08	2 607.61	9 341.02	6 174.60	6 893.44	568.44	366.13	—	54 423.52
2007	10 112.36	7 391.86	5 923.38	9 188.37	4 377.27	3 525.39	13 109.64	8 513.35	9 149.80	1 080.30	573.37	—	72 945.09
2008	13 192.55	8 518.38	7 316.37	10 501.41	5 460.15	4 744.40	15 717.97	10 208.62	13 094.25	1 509.96	838.03	622.11	91 724.20
2009	17 750.31	11 976.49	8 454.56	14 040.87	6 664.87	5 878.11	20 679.41	13 321.62	16 227.18	2 138.89	1 634.18	1 175.16	119 941.65
2010	20 813.14	14 799.35	10 403.10	17 803.10	8 143.90	7 272.07	24 025.07	18 418.23	21 914.11	2 746.75	2 173.12	2 650.86	151 162.80
2011	27 658.81	17 333.46	12 440.11	21 624.60	9 189.82	12 581.77	27 949.71	23 868.09	26 757.16	4 372.89	3 018.58	3 124.88	189 919.88

数据来源:《中国金融统计年鉴》及本文作者计算。